Louis Raphaël Sako

Marschiert endlich ein!

W0012054

Louis Raphaël Sako

Patriarch der chaldäischen Kirche im Irak

Marschiert endlich ein!

Stoppt die Ermordung der Christen im Nahen Osten

Ein Aufschrei aus Bagdad

Aufgezeichnet von
Pia de Simony

HERDER

FREIBURG · BASEL · WIEN

Gewidmet meinem lieben Mann, Giso v. Matuschka,

in großer Dankbarkeit für seine tatkräftige Unterstützung

beim Entstehen dieses Buches.

Inhalt

Vorwort

„Wir haben dieses Jahr Weihnachten unter Tränen, schweigend, gefeiert ..." – so gab der chaldäische Patriarch aus Bagdad jüngst die verzweifelte Grundstimmung seiner Gläubigen wieder. Das Jahr 2015 sei für alle orientalischen Christen „eines der bisher schlimmsten" gewesen. Diese werden in der Tat immer mehr schikaniert und an den Rand der Gesellschaft gedrängt, zum Großteil des Landes vertrieben, wenn nicht gar ermordet. Im Weltverfolgungsindex rangiert der Irak inzwischen an zweiter Stelle. Ein Land, das von vielen als „Hölle" beschrieben wird und dessen Schrecken damit noch immer nicht ganz ausgedrückt sind: Seitdem dort vielerorts der sogenannte „Islamische Staat" sein Terrorregime errichtet hat, erleben die Einheimischen ein Grauen, das für die meisten von uns in der westlichen Welt trotz Nachrichten und Bildern nur schwer vorstellbar ist.

Louis Raphaël Sako kennt dieses Grauen, er hat es aus nächster Nähe gesehen und sieht es noch immer – gestochen scharf. Der Patriarch ist Oberhaupt der chaldäisch-katholischen Kirche, der größten christlichen Minderheit im Irak. Er hat das Erstarken der

Terroristen vor seiner Haustür miterlebt und die Welt schon vor Jahren vor den Gefahren dieser Entwicklung gewarnt. Gewarnt vor einem nicht enden wollenden Exodus, einer Auslöschung des Christentums und einer Vernichtung ihres jahrtausendealten kulturellen Erbes. Die Kirche, ja das christliche Abendland, ist ohne seine Wurzeln im Land zwischen Euphrat und Tigris nicht denkbar.

Im vorliegenden Buch wendet sich Sako an die zivilisierte Welt. Er verdeutlicht die Dramatik der Situation, die im Westen viel zu wenig Beachtung findet. Er macht klar, dass es nicht nur um den Untergang einer Religionsgruppe, sondern um etwas Existenzielles geht, das die gesamte Menschheit betrifft. Der Patriarch ist ein unerschrockener Mann, das hat er immer wieder bewiesen. So scheut er auch jetzt ehrliche Worte nicht, jetzt, wo die schwarzen Banner der Terrormiliz nicht mehr allzu weit weg von seinem Amtssitz in Bagdad wehen.

Seine Aussagen sind auch ein Hilferuf aus der Bedrängnis, ein persönliches und aufwühlendes Zeugnis – couragiert und konstruktiv zugleich. Es sind die Worte eines unermüdlichen Brückenbauers und profunden Kenners der muslimischen Mentalität. Als Oberhirte ist er ebenso für viele Muslime ein Vor-

bild – und für seine Gläubigen der letzte Rettungs-
anker.

Der Patriarch ist eine wahrhaftige Stimme. Sie
darf nicht länger überhört werden. Das Überleben der
Christen steht auf dem Spiel. Er benennt offen die
Gründe für den Erfolg des „IS" und kritisiert gleichzeitig die westliche Interessenpolitik. Er spricht von
Genozid und dem Mord an Christen sowie anderen
religiösen Minderheiten und fordert ein militärisches
Eingreifen, konkret den massiven Einsatz von Boden-
truppen. Es ist eine ernsthafte Warnung vor einem
noch größeren und alle bedrohenden Unheil für die
ganze Welt.

Pia de Simony
Wien, März 2016

Wenn Hass
über Liebe triumphiert

Paris, 13. November 2015. Jeder von uns hat noch die schrecklichen Bilder des terroristischen Überfalls auf das Pop-Konzert im Bataclan-Theater im Kopf, bei dem neunzig Unschuldige brutal ermordet wurden. Danach trauerten viele Menschen weltweit gemeinsam mit den Franzosen. Die Sicherheitsvorkehrungen wurden über Nacht verstärkt und die Diskussionen über den radikalen Islam gingen quer durch alle gesellschaftlichen und politischen Lager. Seit Jahren schon bemühe ich mich darum, die westliche Öffentlichkeit darauf aufmerksam zu machen, dass genau diese barbarischen Akte bei uns im Irak schon lange zum schmerzlichen Alltag gehören. Doch die westliche Welt nimmt es nur mit einem Achselzucken zur Kenntnis.

Bagdad, 31. Oktober 2010. Der Tag vor Allerheiligen. In Bagdads syrisch-katholischer Sayidat-al-Nejat-Kathedrale im Stadtteil Karrada stürmen während der Messe schwer bewaffnete Islamisten das vollbesetzte Gotteshaus und werfen Handgranaten in die versammelte Menge. Dann gehen sie auf den Altar zu. Vor den geschockten Gläubigen, die sich bereits unter die Kirchenbänke geduckt haben, verlangen sie von den zwei zelebrierenden Priestern, ihrem christlichen Glauben abzuschwören. Als diese sich weigern, zielen die Terroristen auf beide Kirchenmänner sowie auf einen jungen Messdiener und drücken kaltblütig ab. Die drei sind sofort tot. Anschließend zerschießen die Terroristen alle Lampen, um den Raum zu verdunkeln, und fangen an, wie im Rausch wahllos in die Menge zu feuern. Kinder verlieren ihre Eltern und Eltern ihre Kinder. Einige Gottesdienstbesucher haben es im Halbdunkel gerade noch geschafft, sich in der Sakristei zu verbarrikadieren. Doch einer der Terroristen bemerkt das und läßt eine Granate durch den Türschlitz gleiten – ein Mann fängt sie auf und sie explodiert in seinen Händen. Er verhindert damit ein noch größeres Blutbad. Das entsetzliche Gemetzel dauert mehr als eine Stunde. Ich kannte etliche der Gläubigen, besonders gut eine schwangere Frau, deren schwerverletzter Mann sie verzweifelt um Hilfe bittet. Doch sie kann sich nicht bewegen, so muss sie mitansehen, wie er vor ihren Augen verblutet. Schließlich sprengen sich die Attentäter selbst in die Luft. Als die Polizei endlich eintrifft, ist die Kirche derart von dicken Rauchschwaden umhüllt, dass die Sicherheitskräfte anfangs nichts sehen und in der Hitze des Gefechts sogar Opfer aus Versehen töten. Das Blutbad fordert insgesamt sechzig Menschenleben und hinterläßt siebzig zum Teil Schwerverletzte. Die meisten überleben nur, weil sie sich totgestellt haben. Die Terrororganisation „al-Qaida" wird sich später ausdrücklich zu dem Massaker bekennen, alles war akribisch geplant.

Doch wo war die Polizei geblieben? Bei den späteren Recherchen stellte sich heraus, dass die Beamten sogar kurz vor Beginn der Messe das Kirchengebäude[1] verlassen hatten. Und so wirft dieses Drama noch immer viele Fragen auf, die wohl nie geklärt werden. Der Terroranschlag hat sich als traumatisches Ereignis ins kollektive Gedächtnis der Gläubigen unserer Kirchen bis zum heutigen Tage tief eingegraben. Seit diesem Tag ist für uns Christen nichts mehr wie früher.

Als Christ unter Muslimen

Die Gräueltaten von Paris und Bagdad zeigen, was blinder Fanatismus anrichten kann, schon angerichtet hat: Ganze Volksgruppen wurden erbarmungslos aus ihrer Heimat vertrieben oder gar niedergemetzelt. Mein Vater selbst wurde in eine Flüchtlingsfamilie hineingeboren. Als chaldäische Christen lebten sie, wie viele andere auch, im östlichen Teil des Osmanischen Reiches. Vor rund hundert Jahren mussten sie dort mit ihren armenischen Freunden dasselbe tragische Schicksal teilen: Vertreibung oder Tod. Meine Familie hatte Glück und überlebte den größten Völkermord an den Christen im 20. Jahrhundert[2]. Über Nacht wurde sie mit allen christlichen Bewohnern aus ihrem Dorf verjagt. Nach tagelangen Fußmärschen erreichte sie schließlich erschöpft das nordirakische Grenzstädtchen Zakho. Sie hatte es geschafft!

Mein Vater hat sich trotz seiner Entwurzelung und der vielen Entbehrungen nie beklagt, sondern stets nach vorne geblickt und hart gearbeitet. Seine erste Frau starb und hinterließ ihm zwei Jungen und zwei Mädchen. Ich bin der älteste Sohn von sieben Kindern seiner zweiten Frau. Meine Geschwister und ich wuchsen in meinem – damals noch rein von Christen bewohnten – Geburtsort Stavlané nördlich von Zakho auf. Das Dorf wurde rasch größer und Arbeitskräfte wurden dringend gebraucht. Viele Muslime kamen, um zu arbeiten, und gründeten eine Familie. In kürzester Zeit machten sie schon die Hälfte der Gesamtbevölkerung aus. Plötzlich begann die bislang so friedliche Stimmung zu kippen, Muslime wollten unser Dorf übernehmen und alle Christen aus ihren Wohnungen vertreiben.

Damals, 1954, war mein Vater Bürgermeister und verteidigte die Belange von uns Christen. Ich war fünf Jahre alt, kann mich aber noch genau an die harten Straßenkämpfe mit Steinewerfern erinnern, die ich wie hypnotisiert von einer versteckten Terrasse aus mit anderen Kindern beobachtete. Eine große Gruppe von Muslimen zog von Haus zu Haus und ermordete schließlich einen Cousin von mir. Als mein Vater davon erfuhr, suchte er deren Anführer auf und stellte ihn zur Rede. Es kam zum Streit, mein Vater wurde angegriffen, wehrte sich und tötete dabei den Bandenchef. Die Polizei führte ihn mit Handschellen ab. Ich war verzweifelt und dachte, ich würde ihn nie mehr wiedersehen. Doch dann geschah ein Wunder: Vor Gericht sagte die Witwe des Anführers aus, mein

Vater hätte nur aus Notwehr gehandelt und nicht zuerst geschossen. So wurde er schon nach einem Jahr Gefängnis wieder entlassen. Groß war unsere Freude, als wir ihn zu Hause umarmen durften. Aber für meinen Vater stand fest, dass wir in dieser Ortschaft nicht mehr bleiben wollten. Trotz Versöhnungsversuchen war das Vertrauen in unsere muslimischen Nachbarn zerbrochen. So verließen wir mit Sack und Pack mein Heimatdorf und schlugen schließlich unsere Zelte in der Großstadt Mosul auf. Auch alle anderen christlichen Dorfbewohner kehrten ihrem Heimatstädtchen für immer den Rücken und leben nun in alle Winde zerstreut.

In Mosul sollte der Stadtfrieden auch nicht lange anhalten. Kaum drei Jahre nach unserer Übersiedlung erlebte ich als inzwischen Zehnjähriger wieder eine Revolte, die jene davor an Brutalität bei Weitem übertraf. Oberst Abdel Wahab Shawaf, ein glühender Anhänger des Panarabischen Nationalismus, hatte 1959 einen Putschversuch gegen den damaligen prokommunistischen Ministerpräsidenten Abd Al-Karim Qasim in Bagdad gestartet, der sich nicht der panarabischen Union (UAR) unterwerfen wollte. Diese Union war eine Bewegung, die ihre Wurzeln in Syrien und Ägypten hatte, mit dem ägyptischen Diktator Gamal

Abdel Nasser als Galionsfigur, und die dezidiert pan-
arabische Großreichträume vertrat. Abdel Wahab
Shawaf, früher Kampfgefährte Qasims und beteiligt
an der Revolution vom 14. Juli 1958, sympathisierte
schon länger mit deren Idealen. Qasim wiederum
hatte, vor allem aus strategischen Gründen, eher die
Sowjetunion und die Kommunisten als Verbündete
ausgemacht. Im Mai 1959 kam es in Mosul zu brutalen
Straßenkämpfen zwischen Qasims Anhängern und
den Nationalisten. Sie, die sogenannten „Shawafis-
ten", drangen in die Häuser ein und schossen etliche
Unschuldige nieder. Da die Christen die Kommunisten unterstützten, bat unser alarmierter Bischof seinen Subdiakon um Hilfe: meinen Vater. Der eilte sofort zum Bischofssitz, um diesen mit einer Handvoll
Gleichgesinnter zu sichern. Während wir uns in unserem Haus verschanzten, begab sich mein Vater erneut
in Lebensgefahr. Doch er kam nicht nur heil davon,
sondern auch ohne Gewalt ausüben zu müssen. Es gab
viele Todesopfer auf beiden Seiten – sowohl Muslime
als auch Christen. Dieser Aufstand hatte alte Rivalitä-
ten und Rachegefühle zwischen Stämmen wieder auf-
flackern lassen. Als ich nach der Niederschlagung der
Revolte am nächsten Tag mit meinen Eltern auf die
Straße ging, bot sich mir im Zentrum der Stadt ein

Bild des Grauens: mehrere aufgehängte Tote, darunter ein völlig unbekleideter Mann. Zu meinem großen Entsetzen erkannte ich ihn, es war ein armenischer Christ, ein Bekannter der Familie. Dieser gewalttätige Übergriff war der Auslöser für viele in Mosul lebende Christen, nach Bagdad zu fliehen. Unsere Familie dagegen blieb. Mein Vater war der Ansicht, die Ereignisse seien diesmal nur eine vorübergehende Gefahr für uns gewesen.

Diese Erlebnisse zeigen: Seit meiner frühesten Kindheit bin ich hautnah mit Gewalt und Vertreibung in Berührung gekommen. Das hat mich geprägt. Und dennoch vergesse ich nicht, dass Muslime mit Christen weiterhin Tür an Tür lebten. Auch in der Klasse haben wir ohne größere Probleme dieselbe Schulbank gedrückt. Damals verstand ich ohnehin noch nicht ganz, warum sich viele Menschen so schwer taten, anderen zu verzeihen, geschweige denn, sich miteinander zu versöhnen. Es gab im Irak einflussreiche, stark patriarchalisch strukturierte Stämme, deren Anführer das Sagen hatten. Sie kämpften untereinander um die Macht und schlugen sich lieber die Köpfe ein, anstatt sich an einen Verhandlungstisch zu setzen. Das ließ mir keine Ruhe. Ich spürte, dass dies nicht der richtige Weg sein konnte. Warum lebten wir nicht alle in Sicherheit und Frieden miteinander? Warum setzten sich meistens die Starken mit dem Gesetz der Faust durch? Und wer kümmerte sich um das Schicksal der Schwachen, Hilflosen und Bedürftigen, die sich nicht trauten, ihre Stimme zu erheben? Lauter Fragen, die mich als Heranwachsenden immer wieder beschäftigten und mich nicht mehr losließen. Mein Vater hatte stets zu mir gesagt: „Hab' Gottvertrauen, lieber Louis! Pack das Leben mutig an und habe nie Angst, die Wahrheit zu sagen!" – „… und die Schwächeren zu unterstützen", ergänzte meine Mutter mit ihrer melodischen Stimme. Die klare, vom Christentum geprägte Haltung meiner Eltern imponierte mir sehr. Mein Vater wurde mir zur Leitfigur. Er beeinflusste mich, wenn auch indirekt, meinen zukünftigen Lebensweg unbeirrt fortzusetzen. Mit 14 Jahren stand für mich fest: Ich wollte Priester werden. Diese Entscheidung habe ich bis zum heutigen Tage kein einziges Mal bereut.

Vor meiner Priesterweihe stand ich gemeinsam mit den anderen Seminaristen vor einer wichtigen Frage: heiraten oder nicht heiraten? Denn in unserer chaldäischen mit Rom unierten Kirche dürfen Seminaristen diese endgültige Entscheidung nur vor – und nicht mehr nach – der Priesterweihe treffen. Ich wollte in meiner zukünftigen pastoralen Arbeit allen Menschen gleichermaßen zur Verfügung stehen. Hat man allerdings Familie, ist das oft ein schwieriger Balanceakt, der zu großen Gewissenskonflikten führen kann. Würde man nicht in Versuchung kommen, dachte ich, im Zweifelsfall der eigenen Familie mehr Zeit als der Gemeinde widmen zu wollen? Nach reiflicher Überlegung war mir klar: Für mich kam die Ehe nicht infrage. Doch einige meiner Seminaristenkollegen entschieden sich für den anderen Weg. Meiner Ansicht nach sollte die katholische Kirche beide Lebensformen auch den Priestern im Westen erlauben, wie es in der Urkirche üblich war. Mit der Zeit, vermute ich, wird sich auch Rom in diese Richtung weiterentwickeln.

Im Mai 1974 fand meine Priesterweihe in einer vollen Kirche in Mosul statt. Auf Wunsch des damaligen Bischofs durfte ich, gerade einmal 25 Jahre alt, ausnahmsweise selbst die Predigt halten. Ich kann mich noch genau an die Kernaussage erinnern: „Liebe Brüder und Schwestern! Priester sein heißt in erster Linie, Euch zu dienen. Der Diener ist genauso ein Mensch wie ihr – mit Stärken und Schwächen. Doch mit Gottes Hilfe wird vieles möglich sein. Ich werde mein Bestes geben, um ein guter Hirte zu sein. Dafür müsst ihr aber auch für mich beten!" Vom Altar aus konnte ich meine Eltern, in der ersten Reihe sitzend, sehr gut beobachten: Als sich unsere Blicke kreuzten, sah ich, wie gerührt sie waren. Ich war glücklich, dass sie dieses für mich wichtige Ereignis mit mir teilten. Kaum drei Jahre später musste ich endgültig von meinem Vater Abschied nehmen. Er, der in meinen Augen stets energisch handelnde Mann, hatte am Ende den Kampf gegen seine Krebskrankheit aufgeben müssen.

Begegnung mit dem Papst, Besuch bei Saddam

Kurz darauf, 1979, erhielt ich von meinem Bischof die Genehmigung, in Rom zu studieren. Damit erfüllte sich ein lang gehegter Traum. Ich lernte rasch Italienisch und promovierte nach vier Jahren in den Fächern Patristik und Religionsgeschichte. Gleichzeitig schloss ich dort ein Studium der Islamwissenschaft mit dem Lizenziat ab. Das sollte mir später im Umgang mit Muslimen viel mehr zugutekommen, als es mir zu dem Zeitpunkt bewusst war.

1983 war der Krieg zwischen Irak und Iran, der drei Jahre zuvor ausgebrochen war, in vollem Gange. Ich wohnte damals noch in Rom. Doch meine Tage dort waren gezählt. Im Irak wurde jeder junge Mann als Soldat zur Armee Saddams eingezogen. Kurz vor meiner Abreise hatte ich noch das Glück, dem damals amtierenden Papst Johannes Paul II. meine Doktorarbeit[3] persönlich vorzulegen. Als der Heilige Vater darin blätterte, hielt er plötzlich inne und fragte mich, welche Pfarrei ich in meinem Heimatland künftig als Seelsorger betreuen sollte. „Leider erst mal gar keine!", erwiderte ich und teilte ihm mit, ich müsse so rasch wie möglich zurückkehren, um nicht als Deserteur zu gelten, und in der Armee dienen. Der Papst hörte aufmerksam zu, dann sagte er, wie durch eine Eingebung: „Nein! Sie werden nicht in der Armee dienen, sondern im Priesterseminar." Sein bestimmender Ton überraschte mich damals. Doch er sollte recht behalten: Ich bin nie eingezogen worden und habe Jahre später in der Tat die Leitung des chaldäischen Priesterseminars in Mosul übernommen.

Dem Militärdienst zu entgehen, war für mich gar nicht so einfach. Obwohl Doktoranden in der Regel davon befreit wurden, hatte ich das Problem, dass meine vatikanische Universität im Irak nicht anerkannt wurde. Was blieb mir übrig, dachte ich, außer mich direkt an die oberste Autorität zu wenden: an Präsident Saddam Hussein. Durch die Beziehung eines christlichen Freundes, der in seinem Palast tätig war, bekam ich tatsächlich einen Termin. Vor der Audienz unterrichtete er mich über die protokollarischen Gepflogenheiten. Es waren im Wesentlichen zwei: keine Fragen stellen und nur auf Fragen antworten. Zu dem Treffen selbst erschien ich in meiner Priestersoutane. Saddam Hussein begrüßte mich höflich, er kam mir viel größer vor als erwartet: eine stattliche Erscheinung mit einer finsteren Ausstrahlung, seine Stirn war von einer tiefen Furche durchzogen. Ein Sympathieträger war er nicht unbedingt, das merkte man schon an den ehrfürchtigen Lakaien und an seinen grimmig dreinschauenden Soldaten um ihn herum. Doch ich ließ mich von dieser beklemmenden Stimmung nicht anstecken. Es gelang mir, meinen Fall überzeugend darzulegen, und ich verließ schließlich seine prunkvollen Amtsräume mit meinem von ihm unterschriebenen Gesuch in der Tasche. Zu meiner großen Verwunderung verabschiedete sich Saddam Hussein von mir mit den Worten: „Beten Sie für mich!" Ob diese Bemerkung ironisch gemeint war, habe ich nie erfahren.

In der Zwischenzeit hatte ich sicherheitshalber über Vermittlung des renommierten französischen Orientalisten Antoine Guillaumont an der Pariser Universität Sorbonne in einem Jahr eine zweite Doktorarbeit im Eiltempo – mit einem überraschenden summa cum laude – nachgeholt, wohl wissend, dass diese mir jetzt in der Heimat überall und problemlos anerkannt würde. Im selben Jahr 1985 bat man mich, einen Pfarrer in Windisch-Eschenbach bei Regensburg kurzfristig zu vertreten. Eine wunderbare Gelegenheit, um meine Deutschkenntnisse zu verbessern, die ich einige Jahre zuvor in einem Goethe-Institut in München erworben hatte. Erst Italien, dann Frankreich und schließlich Deutschland: kostbare Lehrjahre, die mir den Westen mit seinen Sonnen- und Schattenseiten nähergebracht haben und die ich um keinen Preis missen will.

Anschließend kehrte ich voller Tatendrang in den Irak zurück, diente mehrere Jahre lang als Pfarrer der chaldäischen Kirche[4] in Mosul, bis ich 1997 zum Rektor des dortigen Seminars gewählt wurde – ganz so, wie es Johannes Paul II. vorausgesagt hatte. In jenen Jahren als Rektor krempelte ich vieles um. Ich stellte mit Schrecken fest, dass die vom Zweiten Vatikanum dringend postulierte Öffnung der Kirche in diesen

Breitengraden nach mehr als dreißig Jahren noch immer ein Fremdwort war. Sie hatte noch keinerlei Umsetzung gefunden. Für die Gläubigen übersetzte ich Liturgietexte vom Chaldäischen ins Arabische, damit sie jeder verstehen konnte, und las die Heilige Messe ihnen zugewandt. Aber auch einfache Veränderungen im täglichen Lebensablauf für die angehenden Priester waren mir wichtig. So ließ ich zum Beispiel eine Kantine mit Selbstbedienung und einer gewissen Menüauswahl anstelle eines kargen Einheitsmahles einrichten, um nicht lauter frustrierte Männer aus ihnen zu machen. Außerdem gewährte ich ihnen mehr Freiheiten und übertrug ihnen grundsätzlich mehr Eigenverantwortung. Schon nach dem ersten Jahr unter meiner Leitung stellte ich erfreut fest, dass meine Initiativen auf fruchtbaren Boden gefallen waren: die Zahl der Priesteramtsanwärter verdoppelte sich von 30 auf 65. Und die Sonntagsmesse zog inzwischen Hunderte von Gläubigen auch aus anderen Pfarreien in unsere Kirche, die bald so zum Bersten voll war, dass viele vor dem Portal stehen mussten. Sie suchten unsere Anteilnahme an ihren Alltagsproblemen und liebten es auch, dem Chor der Seminaristen zu lauschen. Das waren noch ruhigere Jahre in Mosul. Christen und Muslime lebten mehr oder weniger in Frieden miteinander. Die meisten Mädchen trugen damals noch Hemd und Hosen, manche sogar Miniröcke. Kopftücher sah man noch selten auf den Straßen ...

Gehorsam, aber dennoch kritisch

1999 berief unser damaliger Patriarch Raphaël I. Bidawid eine Synode mit allen chaldäischen Bischöfen in Beirut ein, um die Leitung der Diözese von Mosul neu zu besetzen. Ich wurde beauftragt, alle Unzulänglichkeiten unter die Lupe zu nehmen, mit denen unsere Kirche konfrontiert war. Hauptkritikpunkte meiner Analyse waren die mangelhafte Ausbildung des irakischen Klerus und der Laien sowie die noch nicht überall im Land umgesetzte liturgische Reform. Ich hatte mit meinem Abschlussbericht offensichtlich den Finger in die Wunde gelegt, denn der Sekretär des Patriarchen goutierte mein Urteil ganz und gar nicht und ließ es sowohl seinen Vorgesetzten als auch die versammelten Bischöfe hinter vorgehaltener

Hand wissen. Nachdem diese die subtile Intrige nicht ganz durchschaut hatten, wagten sie es nicht, mich zu wählen. Der Patriarch selbst schätzte mich wohl, das wusste ich. Dennoch gab es Doppelzüngigkeiten, die nicht zu ihm passten und mir nicht gefielen. So schrieb ich ihm einen aufrichtigen, aber unbequemen Brief und legte offen alle Eigennützlichkeiten und Unkorrektheiten dar, die mir in unserer Kirche missfielen. Im Sommer 2001 bekam ich schriftlich von ihm eine neue Pfarrei in Mosul zugeteilt. Das war alles, was er mir zu sagen hatte? Empört habe ich sein Angebot zunächst zurückgewiesen. Auch die Seminaristen wollten nicht, dass ich sie verlasse. Gemeinsam mit 30 Priestern haben sie sich beim Patriarchen für meinen Verbleib als Rektor ihres Seminars eingesetzt. Ich hatte ein reines Gewissen und meinem Vorgesetzten alles mitgeteilt, was mir am Herzen lag. Das war mir das Wichtigste. Schließlich erklärte ich aber meinen enttäuschten Studenten, dass ich nach reiflicher Überlegung meine neue Aufgabe zu akzeptieren hätte. Bei der Ablegung eines Gelübdes als Priester gehört nun einmal auch der Gehorsam dazu, sowohl Gott als auch seinem Vertreter auf Erden gegenüber.

In den darauffolgenden Monaten besuchte ich den plötzlich schwer erkrankten Raphaël I. in Bagdad. Es war eine berührende Begegnung. An seinem Blick erkannte ich, dass meine kritischen Zeilen ihn vielleicht anfangs verletzt, doch schließlich ernsthaft zum Nachdenken angeregt hatten und nicht ohne Wirkung geblieben waren. Als man 2002 einen Nachfolger des Bischofs von Kirkuk suchte, fiel die Wahl auf mich. Von mehreren Seiten erfuhr ich später, dass der Patriarch meine Kandidatur in der Synode nach Kräften unterstützt hatte. Offensichtlich wollte er den in seinen Augen begangenen Fehler wiedergutmachen. Er starb kurz vor meiner Amtsübernahme, die Mitte November 2003 stattfand.

Die schleichende Islamisierungspolitik Saddams

Bei meiner Einführungsrede als Erzbischof von Kirkuk betonte ich, dass mein Bischofssitz ein offenes Haus für jedermann sein sollte: sowohl für Christen als auch für Muslime. Nachdem ich in Kirkuk unbekannt war, musste ich mich bemühen, Kontakte mit allen politischen und religiösen Entscheidungsträgern in dieser Metropole zu knüpfen und zu pflegen. Einmal im Jahr lud ich auch Scheichs und Imame – gemeinsam mit weiteren 300 muslimischen Gläubigen – zu mir zum traditionellen Fastenbrechen am Ende des Ramadan-Monats ein. Das hatten sie in dieser Form noch nie erlebt. Viele Imame äußerten sich daraufhin in ihrer Freitagspredigt wohlwollend über die christlichen Bewohner. Das hat uns sicherlich, zumindest stellenweise, vor noch schlimmeren Gefahren geschützt, denen alle christlichen Gemeinden im Land ohnehin seit Langem ausgesetzt waren. Heute gibt es kaum eine christliche Familie, die in den letzten Jahrzehnten nicht irgendein Familienmitglied entweder durch Krieg, Entführungen oder Mord verloren hat.

Die Probleme der Christen intensivierten sich mit dem Ersten Golfkrieg, den Präsident Saddam Hussein gegen den Iran 1980 bis 1988 führte. Seine ursprünglich nationalistisch-säkular geprägte Baath-Partei[5] nahm zunehmend religiöse Züge an. Er lancierte eine Glaubenskampagne und wollte damit andere islamische Länder auf seine Seite ziehen. Bis dahin war Islamunterricht an den Schulen explizit verboten. Die Auswirkungen dieser schleichenden Islamisierungspolitik haben wir Christen als religiöse Minderheit zu spüren bekommen: Wir wurden mehr denn je als Bürger zweiter Klasse behandelt und immer stärker diskriminiert. Gleichzeitig verwandelte sich das Land unter Saddams Regime in ein einziges großes Militärlager voller Waffen und Soldaten, in dem wir, genauso wie die Muslime, in den Krieg ziehen und für den Irak kämpfen mussten. Etliche Christen flohen aus Angst, eingezogen zu werden, und kehrten dem Land für immer den Rücken. Andere blieben und starben auf dem Schlachtfeld. Alleine in Karakosh, dem christlichen Städtchen im Ninive-Tal, registrierte man so viele Tote, dass die Bewohner sie die „Märtyrerstadt" nannten.

Die USA versprachen Frieden, Freiheit und Demokratie …

Der zweite Golfkrieg gegen Kuwait endete in einem Fiasko. Es war ein Versuch Saddam Husseins, zum größten Erdölproduzenten der Welt aufzusteigen und die hohe Verschuldung seines Landes auf diese Weise loszuwerden. Die Amerikaner, die ihn bis dahin unterstützt hatten, sahen plötzlich ihre Interessen in der Region massiv gefährdet. Innerhalb von sechs Wochen nach dem Beschluss zur Rückeroberung im Januar 1991 haben die US-Truppen die Iraker aus Kuwait vertrieben. Die UNO hat in der Zeit, vor allem auf Druck der USA und Großbritanniens, drakonische Wirtschaftssanktionen gegen mein Land verhängt. Das hatte einen bodenlosen Fall des irakischen Dinar zur Folge, mit schrecklichen Konsequenzen: Überall herrschte Nahrungsknappheit und ein akuter Mangel an lebensnotwendigen Medikamenten. Korruption machte sich breit, das Land versank in Elend. Von den mehr als 1,7 Millionen Menschen, die in Folge dieses Embargos starben, waren rund eine halbe Million Kinder noch nicht einmal fünf Jahre alt. Der Schock ihrer Eltern saß so tief, dass etliche christliche Ehepaare, die ich kannte, keine Kinder mehr in die Welt setzten, aus Furcht, sie bald wieder zu verlieren. Dieser bis zum Sturz Saddams 2003 andauernde Lieferboykott führte zu einer latenten Agonie, die am allerhärtesten die Zivilbevölkerung traf. Damit wollten die USA Saddams Regierung langfristig schwächen, um einen Regimewechsel zu erwirken. Dessen ungeachtet, hat der irakische Präsident immer wieder über seine gleichgeschalteten Medien verlauten lassen, dass unser Land mit der viertgrößten Armee der Welt zu den Großmächten gehört. Im Staatsfernsehen zeigte er sich immerzu in Siegerpose.

Man darf nicht vergessen, dass es 2003 im Irak noch keinen Internetzugang gab, das heißt, wir konnten uns nicht anderweitig informieren. Alles unterlag der offiziellen Zensur. Daher waren wir überrascht, als die Amerikaner im Frühjahr desselben Jahres plötzlich in Bagdad einmarschierten und vor unserer Haustür standen. Die USA hatten Saddam den Krieg erklärt, weil unser Land angeblich Massenvernichtungswaffen besaß. Erst als im Stadtzentrum jubelnde Iraker die große Saddam-Statue von einem Sockel stürzten, war uns allen klar: Jetzt gehörten fast 25 Jahre Saddam-Regime endgültig der Vergangenheit an. Die Amerikaner versprachen uns Frieden, Freiheit, Fortschritt und Demokratie: All das, wovon wir seit Jahren träumten. Bis dahin durfte man kaum verreisen und unser Lebensstandard war schon seit Langem auf ein Minimum reduziert. Daher war die Erwartungshaltung bei der Bevölkerung sehr groß. Diese Hoffnung auf ein besseres Leben schien sich im ersten Jahr ansatzweise sogar zu erfüllen. Doch dann schlitterte das Land an den Rand eines Bürgerkrieges. Denn die Amerikaner hatten fatalerweise einen Fehler nach dem anderen gemacht: Sie hatten die Grenzen geöffnet, sodass Dschihadisten aus dem Nachbarland Syrien zu uns mühelos in den Irak hereinkommen konnten. Die Strukturen von Militär, Polizei und Staatsverwaltung wurden zerschlagen sowie alle bestehenden Institutionen abgeschafft. Aus Sicherheit und Ordnung wurden bald Anarchie und Chaos. Die Bevölkerung überließ man sich selbst. Nicht einmal die zusammengebrochene Strom- und Wasserversorgung wurde wiederhergestellt. Außer dem von den USA streng bewachten Erdölministerium (die Verstaatlichung der Erdölindustrie wurde aufgehoben, amerikanische Firmen wie Exxon, Chevron und Halliburton erhielten die neu vergebenen Lizenzen) blieben andere öffentliche Einrichtungen wie Banken und Museen ungeschützt. Verheerende Plünderungen waren die Folge. Ich sah zum Beispiel mit eigenen Augen, wie gegenüber von unserer Kirche Männer am helllichten Tag mit Packen von Geldscheinen und Goldbarren aus einer Bank liefen und mit dem Auto davonrasten.

Die US-Besatzer wollten ganz von vorne beginnen und die Verwaltung des Irak selbst bestimmen, ohne jedoch nur annähernd mit der lokalen Kultur, den Landessprachen und jeweiligen Mentalitäten vertraut zu sein. Schlüsselpositionen wurden mit zum Teil zweifelhaften Exilirakern besetzt, die seit 30 Jahren nicht mehr im Land gewesen waren und die Entwicklung ihrer Heimat nur aus weiter Ferne erlebt hatten. Absicht der Amerikaner war es, eine Föderation aus mehreren Regionen zu schaffen, die ethnische sowie religiöse Gruppen trennen sollte. Dies aber schuf in den Köpfen der Iraker eine gefährlich sektiererische Mentalität, die es früher nicht gab: Von nun an waren wir nicht mehr Iraker, sondern Sunniten, Schiiten, Kurden, Christen, Jesiden oder Turkmenen. Und jede Gruppe begann eigene Institutionen und bewaffnete Milizen zu bilden, um ihre Interessen zu verfolgen, anstatt sich um das Gemeinwohl des Landes zu kümmern. Sogar bei uns Christen entstanden voneinander getrennte chaldäische und assyrische Gruppierungen, anstatt gemeinsam mit einer einheitlichen christlichen Stimme zu sprechen. Die Verteidigung der eigenen Interessen auf die Spitze getrieben haben inzwischen die irakischen Kurden im gebirgigen Norden, die keine Araber sind. Heute sind sie bereits offiziell eine autonome Region und schon auf dem besten Weg, ein unabhängiger Staat zu werden. Die Schiiten im Süden stellen mit rund 60 Prozent die Mehrheit der irakischen Bevölkerung dar.

Die Erdölquellen liegen zum Großteil in ihrem sowie im nördlichen Kurdengebiet. Obwohl die im Zentrum des Landes lebenden Sunniten nur 20 Prozent ausmachten, gehörte diese Minderheit schon zur Zeit der Osmanen zur tonangebenden Oberschicht. Der Sunnit Saddam hielt, mit Hilfe seiner säkular-nationalistischen Baath-Partei, des Militärs und des Geheimdienstes, unser Land mit eiserner Gewalt zusammen und dabei Schiiten und Kurden gleichermaßen fern von zentralen Machtpositionen. Nach dem Sturz Saddams, der gewaltsamen Auflösung der irakischen Armee und dem Verbot seiner Partei durch die amerikanischen Besatzer verloren Hunderttausende Sunniten über Nacht Arbeit und Ansehen. Bei den Wahlen 2006 gewannen die Schiiten mit ihrem Ministerpräsidenten Nuri al-Maliki. Dieser rächte sich mit seinen politischen Kampfgefährten an den Sunniten, die wiederum seine Glaubensbrüder jahrhundertelang unterdrückt und gedemütigt hatten. Das ließen sich die machtverwöhnte Saddam-Clique und seine Clans nicht gefallen. Sie organisierten im Untergrund Aufstände gegen die Amerikaner und den von ihnen erzwungenen Regimewechsel. Viele Sunniten radikalisierten sich danach und bildeten rasch mit eingeschleusten Dschiadisten, unter der Führung des damals noch lebenden al-Qaida-Führers und Schiitenhassers Abu Musab al-Sarkawi, eine schnell wachsende Terrorgruppe, aus deren Umfeld Jahre später der sogenannte „Islamische Staat" („IS"), der „Daesh",[6] entstehen sollte. Auge um Auge, Zahn um Zahn – Rachefeldzüge ohne Ende, eine nicht aufhören wollende Spirale der Gewalt, die uns bis heute verfolgt und große Angst und Verunsicherung verursacht hat.

Wie erging es den Christen in den ersten Jahren unter der US-Besatzung? Viele fanden bei den Amerikanern eine Arbeit und fühlten sich dadurch zunächst relativ gut aufgehoben. Als ich noch Pfarrer in Mosul war, suchten mich regelmäßig US-Militärs auf, da ich dort auch Mitglied des Stadtrates war. An den Besprechungen nahmen oft ebenfalls Muslime verschiedener Glaubensgemeinschaften teil. Wir diskutierten über die Probleme der Stadt und Alltagssorgen; aus den Gesprächen erwuchs manchmal gar eine freundschaftliche Beziehung. Ich war stets darauf bedacht, in meinen Äußerungen objektiv zu bleiben, ohne für die eine oder andere Konfession Partei zu ergreifen. Als ich dann eines Tages nach Kirkuk versetzt wurde, überraschte mich ein einflussreicher Muslim aus der Runde: „Bitte gehen Sie nicht fort!", flehte er mich an. Und fügte fragend hinzu: „Wer wird ab jetzt die

Schlichterrolle übernehmen können, wenn Sie nicht mehr da sind?" In der Tat merkte ich auf Schritt und Tritt, wie schwer meinen muslimischen Landsleuten Versöhnung fällt.

Die Amerikaner haben die Folgen ihres Handelns in unserem Land schwer unterschätzt, als sie mit unserer politischen Vergangenheit von heute auf morgen aufgeräumt haben. Es gab keine bestehenden Gesetze mehr, keine Polizei, keine Sicherheit. Gar nichts. Ihnen war es ziemlich gleichgültig, wie es der irakischen Bevölkerung dabei erging[7]. Sie schienen sich nur für unsere Bodenschätze, wie Erdöl und Gas, zu interessieren. Massenvernichtungswaffen, der angebliche Kriegsgrund, wurden jedenfalls nie gefunden.

Die diabolische Praxis der Lösegelderpressungen

Diese äußerst prekäre Lage begünstigte diejenigen, die auf das Gesetz des Stärkeren setzten. Alte Ressentiments und Rachegefühle unter Stammesführern sowie unter rivalisierenden Gruppierungen flammten erneut auf. Zu viel Hass hatte sich während der vergangenen Kriege angestaut, der jetzt in diesem Klima der Anarchie wieder ausbrach. Den Menschen fehlte selbst für die notwendigsten Anschaffungen das Geld. So wurde eingebrochen und geplündert, um zu überleben. Schließlich kamen Verbrecher auf eine neue, perfide Idee, Geld zu verdienen: die Entführung von Christen. Warum ausgerechnet uns? Weil wir unbewaffnet und harmlos und so eine leichte Beute waren. Und weil wir jeden Betrag zahlten, um eine verschleppte Person lebend zurückzubekommen. Bei Muslimen wird das nicht selten anders gehandhabt. Ich kann mich noch lebhaft an die Reaktion einer meiner muslimischen Nachbarn, eines Arztes, erinnern. Man hatte sein Kind entführt und ein Lösegeld von 50.000 Dollar verlangt. Den Erpressern am Telefon sagte er, ohne mit der Wimper zu zucken: „Ihr werdet diese Summe von mir nie erhalten! Ich habe noch sieben weitere Kinder. Wenn Sie mir meinen Sohn zurückgeben wollen, gut. Dann schenke ich Ihnen 1.000 Dollar, mehr aber nicht. Sonst brauchen Sie mich gar nicht mehr anzurufen." Am Ende wurde der Junge tatsächlich für diese Summe befreit. Diese Kaltblütigkeit an den Tag zu legen sind wir Christen nicht imstande. Wir können zwar verhandeln, doch wir würden im Traum nicht daran denken, das Leben eines unserer Kinder so aufs Spiel zu setzen.

Ihren traurigen Höhepunkt erlebte diese diabolische Praxis zwischen 2006 und 2011. Die Entführer waren nicht selten sogar Nachbarn von Christen, die ihre Opfer also vorher schon kannten. Das war besonders perfide, da sie die geforderte Lösegeldsumme eingesteckt und dann oft ihre Geisel ermordet haben, aus Angst, eines Tages doch als Erpresser erkannt zu werden. Die Bilanz bis zum heutigen Tage ist düster: weit über 1.000 Christen – darunter auch Kinder – sind auf diese Weise verschleppt, gefoltert und umgebracht worden. Mit mehreren von ihnen war ich befreundet. In meiner zehnjährigen Amtszeit als Erzbischof von Kirkuk habe ich einige Dutzend dieser armen Opfer beerdigen müssen. Einige darunter waren auch Frauen, die den verhängnisvollen „Fehler" begangen hatten, für amerikanische Firmen zu arbeiten. Es war herzzerreißend, mitanzusehen, wie alle Mitglieder der chaldäischen Gemeinde geschockt zur Begräbnisfeier strömten, um Leiden und Ängste mit den verzweifelten Familien zu teilen. Rund zwanzig Christen habe ich gottlob, nach zähen Verhandlungen mit Stammesführern und Polizei, in letzter Minute aus den Händen der Entführer retten können.

Terror bestimmt unseren Alltag

Eine für uns Christen im Irak nicht folgenlos geblie-
bene Episode war die in der islamischen Welt traurig
berühmt gewordene Passage von Papst Benedikt XVI.
während seiner Ansprache 2006 vor Wissenschaft-
lern in Regensburg. An dem Tag stand ich schon sehr
früh auf, um seine Ansprache im Radio zu verfolgen.
Der Papst zitierte folgende Aussage zur Rolle der Gewalt im Islam, die der byzantinische Kaiser Manuel II.
Palaiologos (1350–1425) während der Unterhaltung
mit einem persischen Gelehrten machte: „Ohne sich
auf Einzelheiten wie die unterschiedliche Behand-
lung von ‚Schriftbesitzern' und ‚Ungläubigen' einzu-
lassen, wendet er (der Kaiser, Anm. d. Autors) sich in
erstaunlich schroffer, für uns unannehmbar schroffer Form ganz einfach mit der zentralen Frage nach
dem Verhältnis von Religion und Gewalt überhaupt
an seinen Gesprächspartner. Er sagt: ‚Zeig mir doch,
was Mohammed Neues gebracht hat, und da wirst
du nur Schlechtes und Inhumanes finden wie dies,
dass er vorgeschrieben hat, den Glauben, den er pre-
digte, durch das Schwert zu verbreiten.' Der Kaiser
begründet, nachdem er so zugeschlagen hat, dann

eingehend, warum Glaubensverbreitung durch Gewalt widersinnig ist. Sie steht im Widerspruch zum Wesen Gottes und zum Wesen der Seele. ‚Gott hat kein Gefallen am Blut‘, sagt er, ‚und nicht vernunftgemäß, nicht σὺν λόγω zu handeln, ist dem Wesen Gottes zuwider. Der Glaube ist Frucht der Seele, nicht des Körpers. Wer also jemanden zum Glauben führen will, braucht die Fähigkeit zur guten Rede und ein rechtes Denken, nicht aber Gewalt und Drohung ... Um eine vernünftige Seele zu überzeugen, braucht man nicht seinen Arm, nicht Schlagwerkzeuge noch sonst eines der Mittel, durch die man jemanden mit dem Tod bedrohen kann ...‘" Inzwischen hat der Vatikan diese Stelle in einer offiziellen Version mit einem abschwächenden Hinweis versehen. Damals aber zuckte ich zusammen. Ich ahnte, dass diese Worte bei den hiesigen Muslimen nur allzu leicht missverstanden und wir Christen im Irak zur Zielscheibe ihres Zorns werden konnten. Rasch verfasste ich ein Schreiben, das noch am gleichen Tag an alle Moscheen Kirkuks verteilt wurde. Darin stand im Wesentlichen, dass der Papst nicht den Islam verletzen wollte, sondern sich sogar stark für die Intensivierung des Interreligiösen Dialogs und auch für den Frieden in Palästina einsetzte. Ich erinnerte außerdem daran, dass sein Vorgänger, Papst Johannes Paul II., aus Respekt vor dem Islam öffentlich eine Koranausgabe geküsst hatte, die ihm von einer muslimischen Delegation im Vatikan geschenkt worden war. Mit dieser Mitteilung wollte ich rechtzeitig Schadensbegrenzung betreiben. Vergeblich! Schon zu Mittag, kurz vor Messebeginn, warteten wir noch auf einen Ministranten, der gerade seine Endprüfung mit Auszeichnung bestanden hatte. Plötzlich hörten wir einen ohrenbetäubenden Knall: Eine Autobombe detonierte direkt vor der Marienkirche. Wir liefen hinaus – jegliche Hilfe für den Buben kam zu spät. Seine Eltern zitterten am ganzen Körper und wir alle waren erschüttert durch diese Tragödie, die sich vor unseren Augen abspielte. Damit nicht genug: Einen Monat später haben Extremisten den syrisch-orthodoxen Pfarrer Paulos Iskandar in Mosul entführt und enthauptet – angeblich als Vergeltung für die unglücklich formulierten Äußerungen des Papstes in Regensburg.

Zutiefst erschüttert hat mich auch zwei Jahre später die komplette Zerstörung unseres Bischofssitzes in Mosul und die Folgen, die sich daraus ergaben. Extremisten hatten dort in jedem Raum Sprengkörper platziert. Es war ein wahres Wunder, dass diese gewaltige Explosion keine Todesopfer forderte. Monsignore Paulos Faraj Rahho, damals amtierender Bischof der Stadt, las daraufhin eine Messe – mitten im Trümmerfeld. In seiner Ansprache betonte er seine Entschlossenheit, sich nicht von den Terroristen einschüchtern zu lassen. Das war in meinen Augen unklug. Und tatsächlich ließ die Antwort der Bombenleger nicht lange auf sich warten: Am Tag danach explodierte vor der Mauer unserer Kirche in Kirkuk eine Autobombe. Das bedeutete im Klartext, die Kirchenführer sollten sich künftig mit ihren herausfordernden Äußerungen zurückhalten. Die Methode der Islamisten war sonderbar: Passiert etwas, das ihnen aus irgendeinem Grund nicht passte, an einem bestimmten Ort, schlugen sie an einem anderen zurück.

Oft habe ich die Täter aufgefordert, sich direkt mit uns auseinanderzusetzen, ihnen gesagt, dass wir Christen genauso ihre Moscheen in die Luft sprengen könnten, doch dass dies mit unserer Religion nicht vereinbar sei. In diesem Zusammenhang zitierte ich ihnen auch die berühmte Stelle im Evangelium (Mt 5,39), die besagt: „Leistet dem, der euch etwas Böses antut, keinen Widerstand, sondern wenn dich einer auf die rechte Wange schlägt, dann halt ihm auch die andere hin." Gerade das sei ein Zeichen von Stärke – und nicht von Schwäche, so wie es viele Muslime interpretieren. Das Böse mit Bösem zu vergelten bringe nichts außer einer nicht enden wollenden Spirale der Gewalt.

Meine Appelle fruchteten jedoch nicht. Vielmehr hatten die Fanatiker bereits Bischof Rahho im Visier. Ende Februar 2008 versperrten sie ihm am helllichten Tag den Weg. Er war gerade mit seinem Auto unterwegs. Sein Chauffeur und beide Leibwächter wurden vor seinen Augen sofort erschossen, er durfte noch kurz seinen syrisch-katholischen Amtskollegen in Mosul anrufen, um ihm mitzuteilen: „Es ist aus und vorbei!" Dann zerrten die Entführer den herzkranken 68-Jährigen in den Kofferraum und brausten davon. Seit dem Tag erfuhren wir zwei Wochen lang nichts mehr über ihn, bis die Mörder uns anonym von seinem Tod und dem Ort seines begrabenen Leichnams informiert hatten: irgendwo am Straßenrand, kurz vor der Stadteinfahrt nach Mosul. Wir haben bis heute nie erfahren, wer genau hinter diesem Mord stand. Wohl wissen wir aber, wie hoch die Lösegeldforderung war, die nie gezahlt wurde: über eine Million Dollar. Der Bischof hatte vorher in seiner Gemeinde festgelegt, dass im Falle seiner Entführung unter keinen Umständen irgendwelchen Erpressungen nachgegeben werden sollte. Damit hatte er sein

Todesurteil unterschrieben. Ein wahrer Märtyrer unserer Zeit – wie so viele irakische Geistliche vor und nach ihm. Ein ähnlich hinterhältiger Terrorakt ereilte auch Rahhos Sekretär, den dynamischen 35-jährigen Pater Ragheed Aziz Ganni, ein in unserer Gemeinde besonders beliebter Seelsorger. Anonyme Anrufer hatten ihm schon mehrmals mit dem Tod gedroht, sollte er seine Pfarrei in Mosul nicht schließen. Doch auch er ließ sich von ihnen nicht einschüchtern und las jeden Sonntag weiterhin die Messe in seiner vollen Kirche. Seine Gläubigen machten sich zunehmend Sorgen um ihn, so auch drei seiner Subdiakone, die ihm ebenfalls ihre Dienste als Leibwächter anboten, die er dann notgedrungen annahm. Doch das sollte sein Leben nicht retten: Beim Verlassen der Kirche nach einer Abendmesse wurde er samt seinen Leibwächtern von maskierten Männern auf offener Straße kaltblütig erschossen, nachdem Ganni und seine Begleiter es abgelehnt hatten, zum Islam überzutreten. Der Schock in unserer Gemeinde war groß. Aber noch größer war die Anteilnahme Tausender Gläubiger bei seiner Beerdigung im christlichen Nachbarstädtchen Karamles[8].

Jedes Mal, wenn ich in Kirkuk vor einem Gottesdienst Fahrzeuge beobachtet habe, die um unsere

Kirche herum seltsame Runden drehten, griff ich automatisch zum Hörer, alarmierte die Polizei und sagte sofort die Messe ab. Das Wichtigste war mir, das Leben der Kirchenbesucher nicht leichtfertig aufs Spiel zu setzen. Nach eingehender Kontrolle der Autos stellte sich oft heraus, dass diese tatsächlich mit Sprengstoff beladen waren ... Autobomben können jederzeit irgendwo explodieren, vor allem in den anonymen Ballungszentren der Großstädte wie auch Mosul oder Bagdad.

Auf Persönlichkeiten, wie im Fall von Bischof Rahho und Pater Ganni, aber auch auf Christen, die nicht im Licht der Öffentlichkeit stehen, hatten es al-Qaida[9]-Terroristen gleichermaßen abgesehen. Das hauptsächlich aus zwei Gründen: Erstens wissen sie, dass Christen in der Regel eine bessere Ausbildung genießen und daher raschere Aufstiegschancen haben, das heißt, mehr als die meisten ihrer Glaubensbrüder verdienen. Sie sind somit eine lohnende Beute, um beträchtliche Lösegelder aus ihren Familien zu erpressen[10]. Zweitens betrachten Islamisten uns christliche Ureinwohner laut Koran als Häretiker. Als solche bringen sie uns in Verbindung mit ihrem Feindbild „der Westen", also Europa und den USA. Diese Verachtung wuchs besonders rasch in den düsteren Jahren 2006 bis 2011. In jener Zeit sind im ganzen Irak etliche unserer Kirchen von verheerenden Angriffen heimgesucht worden: Weit mehr als siebzig davon wurden entweder in die Luft gejagt oder völlig niedergebrannt.

Der monströse Terroranschlag in der Sayidat-al-Nejat-Kathedrale zu Allerheiligen 2010[11] gilt – zusammen mit den verheerenden Folgen der amerikanischen Besatzung, dem Mord an Kirchenmännern sowie dem Anschlag auf drei Schulbusse mit christlichen Studenten aus Karakosh 2010 – als entscheidender Auslöser für den alarmierenden Exodus der irakischen Christen aus ihrem angestammten Gebiet. Gab es vor der US-Invasion noch 1,5 Millionen von ihnen, haben weit über eine Million ihrer Heimat inzwischen den Rücken gekehrt. Alleine in der Hauptstadt Bagdad lebten 2003 noch etwa 700.000 Christen. Derzeit schätze ich die Zahl auf rund 200.000 – die meisten von ihnen gehören inzwischen der ärmeren Bevölkerung an, die nicht über die Mittel verfügt, sich anderswo eine neue Existenz aufzubauen.

Priester müssen mutig sein

Religiös motivierte Gewalttaten nahmen überall im Lande drastisch zu. Sehr verunsichert war unsere Gemeinde auch, als zwölf chaldäische Priester der Reihe nach verschleppt und gefoltert wurden. Nach mühsamen Verhandlungen mit den Entführern konnten wir sie gegen eine hohe Lösegeldsumme wieder freikaufen. Sie waren von diesem furchtbaren Erlebnis schwer gezeichnet. Das versetzte wiederum weitere Seelsorger in Panik, die den Irak nun für immer verließen. Wie konnten sie aber ohne jegliche Autorisierung ins Ausland verschwinden und ihre Herde sowie ihre Mitbrüder – gerade in turbulenten Zeiten wie diesen – alleine zurücklassen? Bei ihren Asylanträgen gaben sie an, sie seien lebensbedrohlich gefährdet, in ihrem Heimatland erwarte sie der sichere Tod[12]. Und warum waren wir, die verbliebenen Kirchenmänner im Irak, dann noch am Leben? Ihr unfaires Verhalten war eine herbe Enttäuschung für mich und hatte außerdem weitere Christen in die Emigration getrieben. Ohne ihre Hirten kamen sie sich gänzlich schutzlos vor. Wir Priester haben eine klare Berufung und Gott gegenüber Gehorsam gelobt. Solange wir leben, müssen wir für das Heil unserer Herde sorgen – in guten wie auch in schlechten Zeiten. Wir haben kein Recht, uns feige davonzuschleichen, egal wie schwer die Last des Kreuzes ist. Seit der muslimischen Eroberung im 7. Jahrhundert sind wir Christen zunehmend eine religiöse Minderheit im Land geworden und immer wieder Verfolgungen ausgesetzt gewesen. Das Kreuz, im Sinne von Opferbereitschaft, ist uns also vertraut und hat zweifelsohne einen höheren Sinn: Zeugen des Glaubens zu sein, notfalls bis hin zum Märtyrertod.

Wenn man, wie ich, die Entscheidung getroffen hat, auf eine eigene Familie zu verzichten und sein Dasein als Seelsorger gänzlich seiner Gemeinde verschrieben hat, steht die Angst um das eigene Leben nicht mehr so im Vordergrund. Freilich bin ich nicht naiv und mir der täglichen Gefahren bewusst, denen wir alle im Irak ausgesetzt sind. Ich versuche die Christen seelisch aufzubauen und für sie da zu sein, wenn meine Hilfe gefragt ist, damit sie besonders schwierige Phasen in ihrem Leben mit Würde und Gottvertrauen durchstehen. Dabei spüre ich, trotz der Not und des Elends, der Gewalt und des Terrors, Gottes Gegenwart und ihn als Stütze. Nicht umsonst sprechen wir in unserer chaldäischen Kirche von einem glorreichen

Kreuz: In allen unseren Gotteshäusern hängt nicht der Leib Christi daran – es ist ein schmuckloses Kreuz ohne Jesus und symbolisiert die Hoffnung auf Auferstehung. Das verleiht uns Kraft und Ausdauer, um mit vielen Widrigkeiten fertig zu werden.

Kraft und Ausdauer benötigte ich auch in meiner Amtszeit als Erzbischof von Kirkuk, bis ich es geschafft hatte, im Frühling 2012 die fünfzig höchsten Autoritäten der Stadt in meinen Amtsräumen zu versammeln. Mein Ziel war, eine von mir vorgeschlagene Erklärung „Lasst uns Friedensbrücken bauen" gemeinsam mit ihnen zu verabschieden. Damit wollte ich die bitter nötige Versöhnung auf allen Ebenen, mit politischen, religiösen sowie ethnischen Gruppen, einschließlich der Kurden und Turkmenen, vorantreiben. Dazu haben wir ein Komitee als Kontrollorgan gebildet. Alle Teilnehmer kannten sich untereinander. Auf diese Weise sollte gegenseitiges Misstrauen abgebaut werden. Letzteres war mir nur deshalb möglich, weil ich bereits in den Jahren davor das Vertrauen einiger Imame der Stadt gewonnen hatte. Das ging so weit, dass sie sich sogar in ihren Moscheen positiv über uns äußerten: „Die Christen sind unsere Brüder", erklärten sie ihren Gläubigen und stellten klar: „Wer etwas anderes gehört hat, ist falsch informiert." Solch konziliante Aussagen hatte man früher nicht gehört. Den Fundamentalisten waren sie freilich ein Dorn im Auge. Nichtsdestotrotz haben diese friedliebenden Imame mich – als Sprecher aller Religionsführer von Kirkuk – regelmäßig bei hochrangigen Besuchen aus der Zentralregierung von Bagdad oder aus der Kurdenregion eingeladen, um an den politischen Gesprächen teilzunehmen. Sie gehörten auch zu den ersten, die das schreckliche Attentat auf die syrisch-katholische Marienkathedrale im Herbst 2010 öffentlich aufs Schärfste verurteilt hatten: sowohl in ihren Moscheen als auch auf Plakaten, die in der ganzen Stadt ausgehängt wurden. Wenn wiederum bei einer Bombenexplosion Muslime die Leidtragenden waren, begleitete ich oft Imame ins Krankenhaus, um die Schwerverletzten zu besuchen und ihnen im Namen unserer Gemeinde Trost zu spenden. Einmal hatte ich einen Kalender für den Fastenmonat Ramadan herausgegeben und in allen Moscheen der Stadt kostenlos verteilen lassen. Eine bescheidene Geste, die aber nicht ohne Wirkung blieb. Eines Tages durfte ich in einer dieser Moscheen eine Ansprache halten. Das hatte es bislang noch nicht gegeben. Ich entschied mich für drei gemeinsame Gebete zwischen Christen und Muslimen, umrahmt von gesungenen Hymnen,

Psalmen- und Bibellektüre. Einen Imam hatte ich gebeten, einige Passagen aus dem Koran zu rezitieren. Es folgten Ansprachen eines sunnitischen und eines schiitischen Vorbeters. Für Kirkuk war dies einzigartig – fast revolutionär! So wie ich auch Musliminnen gebeten hatte, ausgesuchte Texte in unserer Kirche vorzutragen. Die muslimischen Besucher waren so beeindruckt von den melodischen Klängen unseres Chors, dass sie gar nicht mehr die Kirche verlassen wollten. Das war für mich gelebter Dialog, wie man ihn sich schöner nicht wünschen kann.

Auch innerhalb der Diözese gab es im Laufe der Jahre erfreuliche Entwicklungen: Mehrere Priester und Diakone wurden geweiht. Ein Dominikanerinnenkloster, eine Schule, eine Bibliothek und eine Krankenstation wurden eröffnet. Es entstand ein Pfarrgemeinde- und Diözesanrat mit aktiven Jugend- und Laiengruppen. Unsere chaldäische Gemeinschaft hielt, allen Widerständen zum Trotz, zusammen wie Pech und Schwefel.

Die rote Soutane

Nach zehn Jahren stand mir 2013 der nächste Amts-
wechsel bevor. Unser Patriarch Emmanuel III. Delly
hatte schon ein fortgeschrittenes Alter erreicht und
war zu kränklich, um weiterhin seine wichtige Funk-
tion inmitten solch unruhiger Zeiten auszuüben. Zunächst zögerte der Patriarch noch. Doch schließlich
reichte er bei Papst Benedikt XVI. sein Rücktritts-
gesuch ein. Der Heilige Stuhl berief daraufhin eine
chaldäische Synode ein, um unser neues Kirchenoberhaupt zu wählen. Alle Bischöfe nahmen daran teil –
sowohl die aus dem Nahen Osten als auch aus der
weltweiten Diaspora. Zunächst war die Mehrheit gegen meine Wahl, da ich doch von vielen meiner Amtskollegen als kritischer Geist wahrgenommen wurde,
der stets den Finger in die Wunde legte. Umso mehr
war ich dann überrascht, als am 31. Januar 2013 die
Wahl im letzten Durchgang doch auf mich fiel. Als
Kardinal Leonardo Sandri, Präfekt der Kongregation
für die orientalischen Kirchen, mich um meine Zu-
stimmung fragte, griff ich zum Mikrofon und bat die
Anwesenden: „Ich nehme dieses Amt nur an, wenn
Sie mir alle helfen, zum Wohl unserer Kirche, gemein-

sam an einem Strang zu ziehen. Sonst bin ich nicht der Richtige für Sie." Der Reihe nach haben alle meine Wahl am selben Tag bestätigt. Ich gab mir den offiziellen Namen Louis Raphaël Sako. Zwei Tage später hatten die Synodenteilnehmer und ich eine Audienz bei Papst Benedikt. Ich musste in einer feuerroten Soutane erscheinen, die meinem neuen Rang als Patriarch entsprach, in der ich mich aber gar nicht wohl fühlte. Diese Äußerlichkeit vertraute ich beiläufig dem Heiligen Vater an. Schmunzelnd beruhigte er mich: „Pian piano ci si abituerà – allmählich werden Sie sich schon daran gewöhnen". Damals konnte ich noch nicht ahnen, dass ich die letzte Person war, die er offiziell empfangen hatte. Eine Woche darauf verkündete er, zu unser aller Überraschung, seinen Amtsverzicht als Papst.

Am 6. März 2013 fand meine Amtseinführung in der Bagdader Josephskathedrale mit einem feierlichen Gottesdienst statt. Wegen der Prominenz der Besucher waren höchste Sicherheitsvorkehrungen notwendig: Scharfschützen wurden auf den Dächern postiert, das ganze Areal um die Kirche herum von der Außenwelt abgeriegelt sowie strenge Kontrollen bei jedem einzelnen Kirchenbesucher durchgeführt. Inzwischen sind wir diesen Anblick in vielen größeren Gottes-häusern schon fast gewohnt. Sie sind wie Festungs-anlagen geschützt, mit Checkpoints, Fahrzeugüber-prüfungen und Überwachungskameras.

Damals kamen zur Feier, außer hohen Würden-trägern anderer Konfessionen, auch der schiitische Ministerpräsident Nuri al-Maliki sowie sein Erzfeind, der sunnitische Parlamentspräsident Osama al-Nu-jaifi. Während der Zeremonie saßen sie beide in der ersten Reihe, lediglich durch einen leeren Stuhl ge-trennt. Zwar wäre ich am liebsten direkt vom Altar-raum heruntergestiegen und hätte die beiden Feinde gebeten, einander die Hände zu reichen. Doch ich zog es vor, einige Tage später mit ihnen hinter verschlos-senen Türen zu sprechen.

In meiner Ansprache in der Kirche forderte ich die überfällige Aussöhnung zwischen Schiiten und Sun-niten, damit jegliche Form von Fanatismus, Hass und Gewalt nach so viel Kriegsleid endlich aufhöre. Dabei gab ich unmissverständlich zu verstehen, dass der Schatten der Angst und des Todes unser Volk zuneh-mend verfolgt. Echte Größe erreiche man nicht durch brutale, von Rache geleiteter Dominanz, sondern durch das Dienen und die Bereitschaft zur Aufopferung. Der Präsident eines Landes sollte für das Wohl seines Volkes Sorge tragen. An meine christlichen Zuhörer gewandt, ermutigte ich sie, diese gefährlichen Zeiten mit Courage und unserem bewährten Zusammenhalt durchzustehen. Sie sollten nicht unter dem Druck der politischen Ereignisse den Weg der Emigration wählen. Der Irak sei schließlich ihre Heimat und sie gehörten hierher.

Zwei Wochen später nahm ich in Rom an der Inthronisation des inzwischen neu gewählten Heiligen Vaters teil, den ich noch nicht persönlich kannte. Bei seiner ersten Rede fiel mir auf, dass Papst Franziskus die Juden erwähnt hatte, doch mit keinem Wort die Muslime. Ich war entsetzt. Ich ersuchte daraufhin umgehend um eine Audienz bei ihm, die er mir zum Glück sogleich gewährte. Ich bat ihn eindringlich, bei öffentlichen Äußerungen künftig ebenfalls die Muslime miteinzubeziehen. Sein Schweigen könne sonst für uns orientalische Christen gravierende Konsequenzen nach sich ziehen. Er hörte mir viel länger zu als vorgesehen. Am darauffolgenden Tag hatte er bereits vor dem versammelten Diplomatischen Corps das Versäumte nachgeholt. Mir wurde klar, dass er mit unseren Kirchen im Nahen Osten noch nicht so vertraut war, aber sehr schnell den Ernst der Lage erkannte.

Bagdad, die Stadt der Autobomben

Jetzt lebte ich also in der Hauptstadt, im Zentrum der Macht und der politischen Entscheidungsträger. Bagdad ist aber auch die Stadt mit den meisten Autobomben weltweit[13] – gefolgt von Mosul an zweiter Stelle – und der eingeschworenen Feindschaft zwischen schiitischen und sunnitischen Stämmen. Ein heißes Pflaster also. Bis 2003 fühlten sich Christen und Muslime der gleichen Nation zugehörig. Seit dem Fall Saddams ist unsere Gesellschaft in Auflösung begriffen und hat begrabene Fehden wieder aufleben lassen.

Ich sehe meine Aufgabe den Muslimen gegenüber als Schlichter. Mein Einsatz gilt dem Zusammenhalt und der Einheit des Landes, ohne Partei für gewisse Gruppen zu ergreifen. Das geschieht sowohl bei Vieraugengesprächen als auch bei öffentlichen Auftritten in den Medien und auf Kongressen.

Obwohl hier jederzeit ein Anschlag auf mich verübt werden kann, habe ich keine Angst um meine Person. Freilich bete ich darum, dass mir nichts passiert. Gottlob habe ich bisher keine Drohungen erhalten, dennoch bin ich vorsichtig, weil ich in Bagdad kein

Unbekannter mehr bin. Wenn ich mich einmal mit meinem Sekretär auf die Straße wage, höre ich oft die Bemerkung von vorbeihuschenden Passanten, darunter auch Muslimen: „Oh, das ist der Patriarch vom Fernsehen!" Ob mir alle Menschen wohlgesinnt sind, weiß nur der liebe Gott. Jedenfalls, so frei bewegen wie früher in Kirkuk kann ich mich hier nicht mehr – geschweige denn selbst Auto fahren. Der Patriarch einer christlichen Minderheit ist immer exponiert, könnte also für Terroristen jederzeit eine potenzielle Zielscheibe sein.

Das Schicksal unserer ständig kleiner werdenden chaldäischen Gemeinde hat mich schon immer beschäftigt und ganz besonders, seitdem ich zum Patriarchen gewählt worden war. Bereits direkt nach meiner Rückkehr aus Rom hatte ich überlegt, wie ich meiner Gemeinde künftig mehr Kraft und Schutz vermitteln könnte. Dazu musste ich den Dialog mit den irakischen Muslimen von nun an auch auf höchster politischer Ebene fortsetzen. Kein leichtes Unterfangen in Zeiten großer Umwälzungen. Ich spürte die Last auf meinen Schultern. Schon in all den vergangenen Jahren hatte ich mich stets bemüht, den langen Weg der Versöhnung einzuschlagen: In Mosul hatte ich mir in der Bevölkerung sowie im Stadtrat eine gewisse Vertrauensbasis geschaffen und in Kirkuk die Rolle eines Brückenbauers mit den örtlichen Scheichs und Imamen intensiviert.

Auch als Patriarch achte ich stets auf die Ausgewogenheit der Beziehungen: Wenn unschuldige schiitische oder sunnitische Familien nach Terroranschlägen Hilfe brauchen, versuche ich ihnen im Rahmen meiner Möglichkeiten wirksam unter die Arme zu greifen. Wenn muslimische Begräbnisse stattfinden, sage ich verschiebbare Termine ab, um die Angehörigen der Toten zu trösten und ihnen mein Mitgefühl auszusprechen. Die Menschen brauchen Zuspruch und Eintracht. Der Kapitalfehler der amerikanischen Besatzung war es, die sunnitische Führungselite zu dämonisieren und durch Schiiten zu ersetzen, anstatt sich um einen Ausgleich zu bemühen. Man kann nicht für Frieden sorgen, wenn man eine Gruppe gegen eine andere ausspielt. Hier liegt die Ursache für die zunehmende Radikalisierung der von der schiitischen Regierung weitgehend ausgeschlossenen Sunniten. Dominierten zu Saddams Zeiten Letztere die schiitische Mehrheitsbevölkerung, so drehte sich die Situation danach um. Hochrangige Sunniten wurden von einem Tag auf den anderen ihrer politischen und militärischen Posten enthoben und waren somit ohne

Perspektive. Viele tauchten unter und schlossen sich extremen Islamisten an, die der al-Qaida-Terrormiliz nahestanden und sich bald „IS"[14] nannten. Mit den verheerenden Folgen müssen wir Iraker schon seit einigen Jahren fertig werden. Immer bedrohlicher wurde die Lage für die Christen, bis eines Tages die Katastrophe ausgerechnet in meiner geliebten Heimatstadt Mosul, der einstigen Wiege des Christentums, ausbrach.

Unser Albtraum wird wahr

Am 11. Juni 2014 riss mich plötzlich das Klingeln meines Handys aus dem Tiefschlaf. Ich drehte mich im Bett um und schaute auf den Wecker. Ein Anruf für mich um diese Zeit? Es war drei Uhr nachts. „Monsignore, Hunderte von schwarz vermummten Dschihadisten sind aus Raqqa[15] über die Grenze einmarschiert, um Mosul zu erobern! Es ist das Ende – wir alle müssen sofort von hier weg. Bitte helfen Sie uns!", flehte mich mit bebender Stimme der chaldäische Erzbischof Emil Nona[16] an. Seine Worte trafen mich wie eine Lanze ins Herz. Ich war wie versteinert. Meine Heimatstadt – in der wir Chaldäer unsere Wurzeln haben – jetzt in den Händen der islamischen Terrormiliz! Ich begann mich zu sammeln und zu beten. Schließlich krempelte ich die Ärmel hoch und rief alle Priester und Nonnen an, die in den umliegenden christlichen Ortschaften[17] im Ninive-Tal lebten. Sie sollten die aus Mosul fliehenden Christen – aber auch verfolgte Schiiten sowie Jesiden – empfangen und in unseren Kirchen, Klöstern und Schulen unterbringen. Gleich in der Früh verließ ich Bagdad, um mit der ersten Maschine in die kurdische Hauptstadt Erbil zu fliegen. In größter Eile organisierte ich einen kleinen Krisenstab und veranlasste alle notwendigen Maßnahmen für die Betreuung der zu erwartenden Flüchtlingsmassen.

Einige Flüchtlinge konnten Mosul mit ihrem Auto verlassen. Doch viele mussten die zwanzig bis dreißig Kilometer bei großer Hitze zu Fuß zurücklegen. Sie kamen erschöpft und unter Schock in den Dörfern an – teils mit schreienden Kleinkindern in den Armen und mit gebrechlichen und älteren Menschen, die völlig dehydriert waren. Alle hatten ihre Wohnungen Hals über Kopf verlassen müssen, waren desorientiert und standen plötzlich vor dem Nichts. Inzwischen hatte ich erfahren, wie es überhaupt zum Fall Mosuls kommen konnte: Nur einige hundert „IS"-Kämpfer hatten es geschafft, rund sechzigtausend irakische Soldaten vor den Toren der Stadt ohne Gegenwehr in die Flucht zu schlagen. Viele Christen blieben jedoch noch in Mosul, im Irrglauben, sich mit den Islamisten im Stillen irgendwie arrangieren zu können. Einen Monat nach dem Einmarsch verschleppten Dschihadisten zwei Leiterinnen unseres Waisenhauses mit ihren Mitarbeiterinnen und einem Waisenkind. Die Aufregung in unserer Gemeinde war groß. Ich bat einen örtlichen Imam, mit dem mich seit meiner Zeit in Mosul eine aufrichtige Freundschaft verband, dringend um Hilfe. Würde er überhaupt in der Lage sein, in dieser brenzligen Situation etwas für uns zu tun? Schon zwei Wochen danach wurden alle fünf Geiseln von den Entführern freigelassen – sogar ohne Lösegeldzahlungen. Der Imam hatte sich ausdrücklich für die Christen eingesetzt und damit selbst sein Leben aufs Spiel gesetzt. Diese Befreiungsaktion grenzte an ein Wunder. Doch kaum hatten meine tapfere Gemeinde und ich durch diese Episode wieder für einen kurzen Moment Hoffnung geschöpft, nahm die Tragödie unerbittlich ihren Lauf.

Als wir plötzlich feststellten, dass Islamisten unsere Häuserfassaden in Mosul mit dem arabischen Buchstaben „N"[18] markierten, auch am Haus meiner eigenen Familie, waren wir sehr alarmiert. Das N steht für „Nazarener", die Bezeichnung für Christen im Koran. Darunter war zu lesen „Eigentum des IS". Was das zu bedeuten hatte, konnten wir erahnen: Die leeren Bleiben der bereits Geflohenen wurden zur Plünderung freigegeben. Schlimm war, dass viele unserer muslimischen Nachbarn, die bis kurz davor friedlich mit uns in denselben Häusern gelebt hatten, begannen, sich in den fremden Wohnungen alles anzueignen, was nicht niet- und nagelfest war: elektronische Geräte, Möbel, Bilder und vieles mehr. Das war ein unmissverständliches Signal für die noch verbliebenen Christen, möglichst schnell aus der Stadt zu verschwinden. Und in der Tat: Am 18. Juli 2014 wurde es nach dem muslimischen Freitagsgebet todernst. Eine lange Reihe von Toyota-Pick-ups, besetzt mit schwarz vermummten Söldnern mit wehenden schwarzen „IS"-Fahnen, näherte sich gegen Abend dem christlichen Viertel. Aus den Lautsprechern dröhnte das folgenschwere Ultimatum: „Wir stellen euch vor die Wahl: Entweder ihr konvertiert zum Islam oder ihr zahlt uns eine Schutzsteuer von 200 Dollar pro Kopf[19]. Wer sich weigert, der verlasse

Mosul nur mit den Kleidern am Leib bis morgen zwölf Uhr mittags. Sonst bleibt ihm nur der Tod durch das Schwert." Diese Worte entsetzten Mahmoud al-Assali, einen sunnitischen Universitätsprofessor an der örtlichen Rechtsfakultät, der sich gerade in der Gegend aufhielt. Als die Gotteskrieger gerade dabei waren, eine christliche Familie aus einem Haus zu verjagen, stellte er sich zwischen sie und nahm sie in Schutz: „Bitte vertreiben Sie die Christen nicht. Hier sind sie schon seit ewigen Zeiten zu Hause – so wie ihre Urahnen, die bereits lange vor uns Muslimen in Mosul ansässig waren". Er wurde auf der Stelle exekutiert. Dieser furchtlose Mann hatte für unsere Anliegen sein Leben geopfert. Für mich ist er wahrlich ein Märtyrer, im edelsten Sinne des Wortes.

Panik erfasste die Christen. Alle verstanden die dunkle Botschaft: Nur schnell weg von hier! So setzte sich noch in derselben Nacht eine endlos scheinende Kolonne von Autos und menschenbeladenen Kleintransportern in Bewegung Richtung Kurdistan. Gespenstische Szenen spielten sich am Checkpoint des „IS" beim Verlassen der Millionenstadt ab: Die Flüchtlinge wurden alle gezwungen, die Hausschlüssel und ihre Personalausweise, das bisschen Geld und Wertgegenstände, die ihnen noch geblieben waren, abzugeben. Dominikanerinnen haben mir später erzählt, dass Dschihadisten einigen Frauen sogar die Ringe vom Ohr abgerissen hatten – und das vor ihren ohnehin schon traumatisierten Kindern. Vielen wurden die Autos einfach weggenommen, und so blieb unzähligen Familien, mit Kindern und sogar Babys, nichts anderes übrig, als den kilometerlangen Marsch zu Fuß bis zur kurdischen Grenze auf sich zu nehmen.

Der letzte Patriarch?

Am 6. August 2014 rissen explodierende Sprengkörper eine junge Frau mit ihren zwei Kindern vor ihrem Haus in der nahegelegenen Stadt Karakosh in den Tod. Als kurz darauf die Kirchenglocken geläutet wurden, war dies das Signal für die Bürger, auch diese bisher sicher geglaubte Ortschaft im Ninive-Tal schleunigst zu verlassen. Daraufhin machten sich fast alle 50.000 verängstigten Bewohner in großer Hast auf den Weg. Mehrere kranke und ältere Menschen hatten es nicht rechtzeitig geschafft und verschanzten sich in ihren Kellern. Innerhalb kürzester Zeit eroberten die Dschihadisten den Ort und durchkämmten jedes Haus. Die versteckten Christen wurden entdeckt und aufgefordert, zum Islam zu konvertieren. Keiner kam dieser Forderung nach. So wurden sie gnadenlos aus der Stadt vertrieben und an der Grenze zu Kurdistan abgesetzt. Bei 45 Grad Hitze, ohne Wasser und ohne Schatten, haben sie sich stundenlang im gefährlichen Niemandsland fortbewegt, bis sie den ersten kurdischen Kontrollpunkt erreichten. Sie konnten sich kaum noch auf den Beinen halten, waren aber erleichtert, wenigstens lebend davongekommen zu sein. Alle aus Karakosh geflohenen Christen fragten sich, wo denn die für die Verteidigung ihres Ortes sorgenden kurdischen Peschmergas verblieben waren? Diese tapferen Kämpfer – so stellte sich bald heraus – hatten von der obersten Kommandoebene den Befehl erhalten, sich zurückzuziehen. Mit ihrer unzureichenden Ausrüstung hätten sie der vorrückenden „IS"-Miliz nicht standhalten können, so wie auch die irakischen Soldaten am 10. Juni in Mosul. Als die Extremisten dort einmarschierten, ließen sie alles stehen und liegen, legten ihre Uniformen ab und verließen im Eiltempo die Stadt. Ein Augenzeuge berichtete mir, er sei auf seiner Flucht nach Kurdistan an mehreren verlassenen Militärfahrzeugen, Lastwagen und

Panzern, teils mit offen stehenden Türen, vorbeige-
fahren. Am Straßenrand sei lauter Kriegsgerät, wie
Granatwerfer und Kalaschnikows, herumgelegen.

Unterdessen hatte der Großayatollah Ali al-Sistani,
Oberhaupt der irakischen Schiiten, den damals noch
amtierenden Premierminister Nuri al-Maliki für das
Erstarken der sunnitischen Terrororganisation „IS"
im Land mitverantwortlich gemacht und forderte dessen Rücktritt. Sein Nachfolger wurde Anfang September in Bagdad sein schiitischer Parteikollege Haidar
al-Abadi. In seiner Antrittsrede betonte dieser, zwei
seiner obersten Prioritäten seien die entschlossenere
Kampfansage an den „IS" und die Gewährleistung der
Sicherheit für alle Flüchtlinge im Land. Ob al-Abadi
die nötige Autorität besitzt, diese dringend geforder-
ten Maßnahmen auch umzusetzen, bleibt noch abzu-
warten.

Inzwischen hatte ich in Erbil, gemeinsam mit meinen
Mitarbeitern und in Absprache mit den Leitern verschiedener lokaler Einrichtungen, die Infrastruktur
organisiert. Mit viel Improvisationskunst bereiteten
wir uns auf den enormen Flüchtlingsansturm vor.
Rund 120.000 einheimische Christen strömten in jenen Tagen in Kurdistans Hauptstadt. (Dass ähnliche

Kolonnen nur ein Jahr später bis nach Europa reichen würde, habe ich mir damals nicht vorstellen können.) Die ganze Stadt hat mitgeholfen, ihnen eine Unterkunft zu bieten und sie halbwegs zu versorgen. Überall wurden Schlafstätten eingerichtet: in Sporthallen, Schulen, leer stehenden Häusern, Bauruinen, Parkgaragen und in unseren Kirchen. Doch diese waren bald so überfüllt, dass viele Menschen keine andere Wahl hatten als nächtelang auf Pappkartons in den Straßen und Parks zu übernachten. Ich sah Tausende von wandelnden Körpern, deren Gesichtsausdruck wie erloschen schien. Als ich in den darauffolgenden Wochen hautnah ihr Elend miterlebte, verspürte ich Augenblicke von Ohnmacht und Verzweiflung. Einerseits war ich für sie der vertraute „Abuna", der Vater, der ihnen in großer Bedrängnis tröstend zur Seite stand, andererseits das Kirchenoberhaupt, von dem sie vielleicht Wunder erwarteten. Mein Dasein als Patriarch war gerade jetzt in diesen dunklen Stunden eine besonders schwere Herausforderung. In Momenten der Übermüdung kam mir gelegentlich sogar der Gedanke, mein Amt abzugeben. Ich malte mir schon in den düstersten Farben das herannahende Ende des Christentums im Land aus. Sollte ich womöglich der letzte Patriarch der Chaldäer auf irakischem Boden sein? Die entsetzliche Verjagung aller Christen aus Mosul und aus den meisten christlichen Ortschaften der Ninive-Ebene – unserer Urheimat – ist für mich die größte Tragödie meines bisherigen Lebens.

Völkermord im Irak

Womit haben wir diese Vertreibung verdient, fragte ich mich, und wo sollte das alles für das Gemeinwohl des Irak hinführen? Wir waren unseren muslimischen Nachbarn gegenüber nie feindlich gesinnt gewesen und haben immer wieder als Brückenbauer zwischen den verfeindeten Lagern gedient. Auch im Gesundheits- und Bildungswesen waren wir Christen maßgeblich beteiligt und engagiert. Mit diesen Gedanken im Kopf und noch schockiert von der Massenflucht, verfasste ich ein Schreiben an alle Iraker. Es war nun höchste Zeit, lauthals die Stimme zu erheben und unmissverständlich Stellung zu beziehen. Hierin wandte ich mich speziell an die Muslime guten Willens und ihre religiösen und politischen Entscheidungsträger:

„Bis 2003 gab es ein brüderliches Zusammenleben zwischen Christen und Muslimen. Wie viel haben wir seit den Anfängen des Islam hier im Osten mit Euch geteilt! Wir Christen und Muslime haben Seite an Seite gekämpft, wenn es darum ging, unser Land und unsere Rechte zu verteidigen. In den vergangenen Jahrhunderten haben wir gemeinsam eine Zivilisation aufgebaut. Daher ist es keineswegs zu rechtfertigen und wahrhaft unmenschlich, uns Christen nun zu vertreiben, als wären wir Eure Feinde und hätten nichts für den Irak geleistet.

Wir Christen sind fassungslos und empört, dass kaum jemand von Euch bei der gewaltsamen Vereinnahmung Mosuls und vieler christlicher Ortschaften massiv seine Stimme erhoben hat, um die inhumanen Taten von Daesh im Namen des Islam aufs Schärfste zu verurteilen. Das wäre auch in Eurem ureigenen Interesse! Euer Schweigen führt dazu, dass der Islam zunehmend als Bedrohung des Weltfriedens empfunden wird.

Sollte es zu einer Dreiteilung des Landes kommen, wie es von vielen unter Euch gefordert wird – der Süden den Schiiten, der mittlere Teil den Sunniten und der Norden den Kurden und Christen – wird kein Zusammenleben zwischen Mehrheiten und Minderheiten mehr möglich sein. Das wäre auch für Euch Muslime sehr schädlich – nicht nur in unmittelbarer Zukunft. Stammesrivalitäten würden Euer Leben noch mehr als bisher bestimmen und Euer Leid verstärken. Sollte diese Richtung ernsthaft weiter verfolgt werden, wird der Irak mit einer menschlichen, zivilen und historischen Katastrophe konfrontiert sein. Mit aller Kraft und Dringlichkeit appellieren wir Christen an Euch: Überdenkt noch einmal die Strategie, die ihr verfolgt. Wir bitten Euch, unschuldige und friedliebende Menschen aller Religionen zu achten und zu respektieren. Dazu fordert Euch auch der Heilige Koran auf. Er hat Euch niemals dazu aufgerufen, die Besitztümer und das Hab und Gut anderer gewaltsam an Euch zu reißen. Wir Christen und andere Minderheiten wie die Jesiden erleben derzeit ein noch nie dagewesenes Inferno. Die bestialischen Taten der „IS"-Miliz erinnern mich an das Monster aus der Offenbarung des Johannes[20]:

,Ich sah ein Tier aus dem Meer steigen, das hatte sieben Häupter und zehn Hörner und auf seinen Hörnern zehn Kronen und auf seinen Häuptern Namen der Lästerung (...) Und ihm wurde Macht gegeben. (...) Und ich sah ein zweites Tier aufsteigen aus der Erde (...). Und es wurde ihm Macht gegeben, Geist zu verleihen dem Bild des Tieres, damit es reden und machen könne, dass alle, die das Bild des Tieres nicht anbeteten, getötet würden. (...)'

Ist Euch bewusst, dass bei uns derzeit eine religiöse Säuberung und ein schleichender Völkermord im Gange sind? *Diese Menschen haben alles verloren und fühlen sich nirgendwo mehr sicher. Viele sehen sich schweren Herzens gezwungen, das Land für immer zu verlassen. Etliche einheimische Politiker haben uns angefleht, dies nicht zu tun, da die Christen für den Wiederaufbau des Landes notwendig sind. Wenn das in der Tat so ist, dann geht auf die Straße und demonstriert mit uns für Gerechtigkeit, damit wir rasch wieder in unsere Heimatdörfer zurückkehren und in Frieden mit Euch weiterleben können!"*

Auch Behnam Benoka, der junge Vizerektor unseres Priesterseminars in Erbil, hat über den Seelenzustand, der uns alle ergriff, in einem „Brief der Tränen" an Papst Franziskus berichtet:

„Heiligkeit, die Lage Ihrer Schafe hier im Irak ist elend: Sie sterben und hungern! Ihre Kleinen haben Angst und können nicht mehr. Wir Priester und Ordensleute sind wenige und fürchten, den körperlichen und seelischen Bedürfnissen Ihrer und unserer Kinder nicht genug entgegenkommen zu können. ... Ich schreibe Ihnen mit meinen Tränen, weil wir in einem düsteren Tal sind, umgeben von einer Horde wild gewordener Wölfe. Heiligkeit, ich fürchte Ihre Kleinen zu verlieren, besonders die Neu-

geborenen, die jeden Tag schwächer werden ... Ich habe Angst, dass der Tod bald einige von ihnen holt. Schicken Sie bitte Ihren Segen, um die Kraft zu haben, voranzugehen und vielleicht noch länger auszuhalten."

Die Reaktion des Heiligen Vaters ließ nicht lange auf sich warten. Eines Abends rief er völlig unerwartet im Flüchtlingslager an, wo sich gerade einige unserer Priester um die Versorgung ihrer Schützlinge kümmerten. Er hat uns Hirten ermutigt, diese schwere Prüfung durchzustehen. Dann versicherte er alle Anwesenden über das Telefon seines seelischen Beistands und spendete ihnen seinen Segen. Während sie gebannt seiner kurzen Botschaft zuhörten, liefen vielen die Tränen über die Wangen. Seine Worte waren wie Balsam auf ihre Wunden. Er hatte ihnen Mut zum Weiterleben gegeben und gezeigt, dass er ihre Sorgen mit ihnen teilt. Ein Besuch des Papstes in Erbil würde bei den Flüchtlingen Wunder wirken – ihn nicht nur als spirituellen Vater aus der Ferne, sondern auch seine geistige Kraft aus der Nähe zu spüren. Man muss sich in die Situation dieser Menschen hineinversetzen, um die Gemütsbewegungen zu verstehen, die der Anruf ausgelöst hat. Sie haben eher in Kauf genommen, ihre Heimat zu wechseln, als ihren christlichen Glauben. In diesem Bewusstsein haben sie ihr Leben aufs Spiel gesetzt, ihr ganzes Hab und Gut hinter sich gelassen und den Kreuzweg der Flucht ins Ungewisse auf sich genommen. Und das im Land ihrer eigenen Vorfahren. Nun befinden sie sich vor einem völligen Neubeginn, aber noch gänzlich ohne Perspektive. Durch das barbarische Wüten der „IS"-Miliz haben sie alle im Sommer 2014 eine Hölle erlebt. Ihre Kinder werden immer noch nachts von Verfolgungsängsten heimgesucht. Der „IS" hat in den eroberten Ortschaften einen als „Kalifat" bezeichneten Staat ausgerufen, mit dem Terrorpaten, dem selbst ernannten Kalifen Abu Bakr al-Baghdadi, an der Spitze. Wer unter seiner Herrschaft lebt, hat die strikten Regeln der Scharìa zu befolgen, die mit äußerster Brutalität angewendet werden. Keiner unserer Christen war bereit, sich diesen Gesetzen unterzuordnen. Diese sich auf den Koran berufenden Kriminellen haben begonnen, das Land ins finsterste Mittelalter zurückzukatapultieren. Bei ihren Eroberungsfeldzügen haben sie einigen Familien als „Kriegsbeute" junge Töchter entrissen, die bis heute noch verschwunden sind. Sie teilen dasselbe Schicksal mehrerer tausend Jesidinnen: von „IS"-Kämpfern als Sklavinnen unter Morddrohungen täglich gedemütigt und vergewaltigt zu werden.

Jesidinnen wie Vieh behandelt

Die religiöse Minderheit der Jesiden, die rund um die Stadt Sinjar, zwischen Mosul und der Grenze zu Syrien, beheimatet ist, traf das härteste Los. Viele unter ihnen waren inzwischen, aus Angst, so wie die Christen verfolgt oder gar ermordet zu werden, schon gleich nach der „IS"-Okkupation von Mosul geflohen. Die Todesschwadronen hatten es in der Tat auch auf sie abgesehen. Für sie gehört diese Volksgruppe[21] zu den Heiden, zu den Teufelsanbetern. Infolgedessen sollte ihre religiöse Identität ausgelöscht und Männer sowie Frauen zum Islam bekehrt werden.

Im Herbst 2014 umzingelten die „IS"-Schergen im Sinjar-Gebirge mehrere tausend Jesiden, die auf diese Weise von der Außenwelt abgeschnitten waren. Ein Entkommen war nicht mehr möglich. Wasser und Nahrung wurden immer knapper. Erst kurz vor Weihnachten war es Peschmerga-Kämpfern gelungen, begleitet von Luftschlägen der US-Armee, den Großteil der Bewohner zu befreien. Insgesamt wurden Tausende Jesiden, oft vor den Augen ihrer Familienangehörigen, ermordet.[22] Später entdeckte man mehrere Massengräber – eines davon mit den Überresten von rund 80 weiblichen Leichen, höchst wahrscheinlich alles Jesidinnen, zwischen vierzig und achtzig Jahre alt. Rund 2.500 junge Frauen soll der „IS" entführt und nach Mosul transportiert haben. Die Dunkelziffer ist sicherlich viel höher. Dort wurden sie auf einem „Sklavenmarkt" verschachert. Der Preis hing ab von Alter, Augenfarbe und Qualität der Zähne – wie bei einer Vieh-Auktion. Der „IS" hat inzwischen sogar eine eigene Verwaltungsbehörde eingerichtet, die für die Verteilung der Sklavinnen zuständig ist. Eine eigene Behörde! Somit wird dieser menschenverachtende Handel institutionalisiert, der Einzelne muss sein Gewissen nicht mehr befragen. Ein von der Terrormiliz ins Netz gestelltes Handyvideo zeigt unverhohlen, wie sich kichernde bärtige Männer erwartungsvoll über ihre weibliche „Kriegsbeute" unterhalten, die sie bald erstehen werden. Einer ruft sogar bockig wie ein Kind: „Ich will jetzt meine Jesidin haben!" Inzwischen haben es, vereinzelt, versklavte Mädchen, durch den Weiterverkauf ihrer Person an andere Männer, geschafft zu fliehen. Eine von ihnen bat weinend einen kurdischen Journalisten um Hilfe. Es hätten sich schon mehrere Freundinnen mit ihrem Schleier erhängt, nachdem sie wochenlang in Mosul von „IS"-Milizionären schwer missbraucht worden waren. Sie alle würden lieber durch einen raschen Kopfschuss sterben, anstatt wie lebende Leichen in einer würdelosen Existenz dahinzusiechen. So hat die Öffentlichkeit von den abscheulichen Verbrechen erfahren, denen diese armen Frauen ausgeliefert waren – und immer noch sind. Man soll die Bezeichnung „Völkermord" nicht leichtfertig verwenden. Doch auch hier geht es tatsächlich um die gezielte Ausrottung einer Volksgruppe. Es ist ein Völkermord.

„IS"-Barbaren vernichten antike Kulturgüter

Der Vernichtungsfeldzug des „IS" scheint keine Grenzen zu kennen. Die Dschihadisten haben absolut keine Skrupel, und sie versuchen nicht nur Andersgläubige körperlich oder seelisch zu vernichten. Ihre erklärte Absicht ist es, auch die Jahrtausende alte Kultur des Landes für immer auszulöschen. Daher sind alle unsere Kulturgüter derzeit durch Verwüstung extrem gefährdet. Unwiederbringlich und für immer verloren sind inzwischen die zum

UNESCO-Weltkulturerbe gehörenden Ruinen und imposanten Statuen der antiken assyrischen Stätte Nimrud[23] sowie Hatra[24], beide aus präislamischer Zeit. Männer des „IS" haben diese gezielt zunächst mit Bulldozern, dann mit Sprengstoffexplosionen dem Erdboden gleichgemacht. In einem ihrer provokanten Propaganda-Videos nahm ich deutlich die Stimme eines der Vandalen wahr, die auf Arabisch verkündet: „Wir werden Eure Götzen überall demolieren und Eure Länder beherrschen." Ihre blinde Zerstörungswut macht auch vor Museen, Klöstern und Kirchen nicht halt. Gotteshäuser wurden entweder niedergebrannt, schwer beschädigt oder beschlagnahmt und deren Kreuze ostentativ heruntergerissen. Die Kirchen dienen heute als Moscheen, Hallen bzw. Gefängnisse. Auch sakrale Gegenstände oder Manuskripte von großem Wert erbeuteten sie, um sie gleich auf internationalen Auktionen mit teils Millionengewinnen weiterzuverkaufen[25]. Inmitten dieser beunruhigenden Ereignisse hatte ich von einem mit mir befreundeten Mönch wenigstens eine erfreuliche Nachricht erhalten: Nur zehn Tage vor der „IS"-Okkupation von Mosul hatte er, wie durch eine Eingebung, die gesamte chaldäische Bibliothek – samt Pergamentfragmenten, kostbaren Schriften und Inkunabeln – mit einem

LKW an einen sicheren Ort transportiert. Somit waren sie vor dem Zugriff der Barbaren gerettet.

Abu Ghuraib und Camp Bucca: Brutstätte des „IS"

Warum sind wir einheimische Christen den radikalisierten Muslimen so ein Dorn im Auge, dass sie nicht nur uns Menschen auslöschen wollen, sondern auch die Zivilisation des alten Mesopotamien? Das Christentum ist eine Religion der Versöhnung. Wir sind stets um Frieden untereinander bemüht. „Was ist die Ursache dieses Hasses?", werde ich immer wieder im Ausland gefragt. Die Gründe dafür sind vielfältiger Natur. Nach der Invasion der Amerikaner 2003 hatten diese uns Frieden, Freiheit und Demokratie versprochen[26]. In Wahrheit hat sie unser Land mit einer der ältesten Hochkulturen nicht interessiert. Nach ihrem Abzug Ende 2011 hinterließen sie im Irak verbrannte Erde mit schätzungsweise einer halben Million Toten, darunter auch zahlreiche Christen. Hinzu kam der Skandal im Abu-Ghuraib-Gefängnis, westlich von

Bagdad: Dort hatten US-Soldaten und -Soldatinnen irakische Häftlinge, nackt oder in ihren orangenen Overalls[27], monatelang erniedrigt, missbraucht und rund hundert von ihnen zu Tode gefoltert. Sie fotografierten und filmten diese perversen Szenen sogar, verbreiteten das Material und brüsteten sich damit vor ihren Kameraden. Es fällt mir schwer zu glauben, dass solche Menschen echte Christen waren oder gewesen sein sollen. Ihr Verhalten führte aber dazu, dass sich jahrelang aufgestaute Rachegefühle gegenüber dem „christlichen Westen" entluden.

Dazu trug auch das Camp Bucca, eine zweite US-Haftanstalt im Süden des Landes, in der Nähe der Grenze zu Kuwait, bei. Dort waren rund 24.000 Iraker auf engstem Raum eingekerkert. Etliche entlassene Armeeoffiziere und Saddam-Gefährten der elitären sunnitischen Minderheit wurden gemeinsam mit machthungrigen Extremisten zusammengepfercht. Darunter befand sich auch Abu Bakr al-Baghdadi[28]. Es bildete sich bald ein harter Kern heraus, aus dem dann die Terrororganisation „Islamischer Staat" hervorging. Innerhalb dieser Mauern entwickelten sie ihre mörderischen Zukunftspläne, unbemerkt von den amerikanischen Bewachern. Diese sunnitischen Fundamentalisten assoziierten zunehmend auch die irakischen Christen mit ihrem Erzfeind USA. Sie gingen davon aus, dass der Westen alleine die Schuld an ihrem Elend trüge, die Argumente waren dabei immer die gleichen: Der Westen unterstützt Israel und nicht Palästina, der Westen greift die Muslime an und bereichert sich am Erdöl, der Westen macht wirtschaftliche Fortschritte, während die meisten muslimischen Länder im Rückschritt begriffen sind. Diese Wut fällt jetzt fatalerweise auf uns zurück, als wären wir Nachfahren der Amerikaner. Darüber hinaus passt ihnen auch unsere westliche Lebensart nicht: Unsere Frauen pflegen einen moderneren Kleidungsstil, tragen Jeans und kein Kopftuch[29]. So gewandet würden sich Musliminnen im Irak nie in die Öffentlichkeit trauen. Doch wenn diese dauerhaft mit dem Anblick von emanzipierten Christinnen konfrontiert werden – so die Angst vieler Muslime –, könnten sie eines Tages womöglich auch ihre strenge religiöse Ideologie hinterfragen. Sie sehen ihre eigene Identität durch unsere aufgeschlossene Kultur bedroht. Daher klammern sie sich umso mehr an die Gebote, die sie aus dem Heiligen Koran herauslesen.

Ist der Islam reformierbar?

Diese Frage beschäftigt Theologen der verschiedenen Religionen bereits seit geraumer Zeit. Die meisten Muslime interpretieren den Koran wörtlich und lassen keine historisch-kritische Auslegung der Texte zu, da diese in ihren Augen dem Propheten Mohammed von Gott über den Engel Gabriel offenbart wurden. Es gibt keine Exegese. Das ist das Dilemma, das zu vielen Missverständnissen führt: Viele Gebote des Koran, die zu Zeiten des Propheten in einem spezifischen geschichtlichen Kontext aktuell und auch sinnvoll waren[30], sind jedoch für uns aufgeklärte Menschen aus heutiger Sicht längst überholt. Die islamische Welt sollte grundsätzlich aufhören, die Menschheit in Muslime und Nicht-Muslime, also in Gläubige und Ungläubige[31] einzuteilen. Das kann durch das regelmäßige Rezitieren gewisser Verse zu einer Verfestigung von Feindbildern führen. Zudem fordern einige Verse, die ein integraler Bestandteil des Koran sind, dezidiert zur Gewalt auf: Die Ungläubigen – sprich alle Nicht-Muslime – sollten entweder zum Islam bekehrt oder getötet[32] werden.

Die Extremisten wollen die Gesellschaft ins 7. Jahrhundert zurückführen. Bedauerlicherweise gibt es im Islam keine von allen anerkannte oberste religiöse Autorität wie bei uns Christen. Somit kann es auch keine für Muslime aller Glaubensrichtungen allgemeingültige Interpretation des Koran geben. Wir Christen haben im Mittelalter die Bibel genauso wörtlich gelesen. Deswegen wurden auch Kriege geführt. Doch seitdem sind vierhundert Jahre vergangen. Inzwischen haben wir gelernt, mit unserem Heiligen Buch analytisch umzugehen. Es wäre wichtig, wenn sich die Muslime diese positive Erfahrung auf konstruktive Weise auch zu Eigen machen könnten. Ich kenne einige Gelehrte, die auf akademischem Niveau bereits versucht haben, den Koran neu zu interpretieren. Doch sie sind noch zaghaft in ihren öffentlichen Äußerungen, aus Angst, in ihren eigenen Reihen auf Fanatiker zu stoßen, die sich vor der Anwendung von Gewalt nicht scheuen. Dennoch sind das sehr mutige Menschen, die eine Vorreiterrolle in der Ausbildung zukünftiger Islamwissenschaftler und Imame spielen könnten, weil sie sich für eine friedlichere Zukunft ihrer Glaubensgeschwister einsetzen, dabei aber ihr Leben riskieren.

Dagegen ist die Fatwa[33], die der 21-köpfige Gelehrtenrat – die höchste religiöse Instanz in Saudi-Arabien – im September 2014 gegen den „Daesh" erlassen hat: Terrorismus sei ein abscheuliches Verbrechen und das Gegenteil dessen, was der Islam verkörpere, wohl eher ein Lippenbekenntnis. Diese Aussage einer der größten Waffenlieferanten der sunnitischen Kämpfer in der Region stimmt bedenklich, denn vordergründig verurteilen sie zwar deren Taten, nicht aber deren Ideologie. Es gibt nicht wenige Imame, die während des Freitagsgebets immer wieder gefährliche Stehsätze wiederholen, die von den anwesenden Gläubigen bedenkenlos angenommen werden. Viele verstehen diese Hasspredigten als Auftrag, radikalisieren sich und setzen sie in fürchterliche Taten um. Der Staat sollte viel schärfere Kontrollen in den Moscheen durchführen. Das würde uns viel Leid ersparen. Doch fairerweise möchte ich auch betonen, dass die schweigende Mehrheit der Muslime gottlob keine kriegerischen Absichten hat und ein Leben in Ruhe und Sicherheit führen möchte. Nach der „IS"-Okkupation unserer Dörfer demonstrierten viele dieser Menschen Seite an Seite mit uns Christen in den Straßen Bagdads mit Transparenten: „Ich bin Iraker, ich bin Christ". Ein kleines Zeichen der mutigen Solidarität mit ihren verfolgten Nachbarn. Man kann daher wohl von moderaten Muslimen sprechen, nicht aber von einem moderaten Islam.

Gleichzeitig haben wir neben der friedlichen Mehrheit das Phänomen, dass ein Teil der Muslime sich radikalisiert, ein anderer wiederum sich gänzlich vom Islam abwendet. Ein Minister hat mir neulich bestätigt[34], dass es inzwischen im Irak schon mehr als eine Million Atheisten gibt. Die Gründe dafür sind der „IS"-Terrorismus und die vielen Morde im Namen Allahs. Diese Menschen erleben Religion als Quelle von Unheil und Unglück in ihrem Leben. Das sollte den religiösen Entscheidungsträgern zu denken geben.

Christen betrachten ihre Kirche als geistige Heimat, trotzdem haben sie mit Atheisten keine Berührungsängste. Genauso wie sie fordern sie die Glaubensfreiheit und streben eine säkulare Gesellschaft[35] nach europäischem Muster an, die eine Trennung zwischen Religion und Staat vorsieht. Das hieße, das Gemeinwohl über Partikularinteressen zu stellen. Das wird in einem Land, in dem seit Jahrhunderten Konflikte mit der Waffe ausgetragen werden, in absehbarer Zeit nicht leicht umzusetzen sein.

Sehnsucht nach Frieden, Sicherheit und Stabilität

Verfolgung, Vertreibung und die vielen Todesopfer in den Familien haben die Christen müde gemacht. Das ständige Bangen um die nackte Existenz verbreitet sich wie ein langsam einträufelndes Gift. Die Menschen sehnen sich nach Frieden, Sicherheit und Stabilität. Viele sind bereits in die Nachbarländer Jordanien, Libanon und Türkei geflüchtet, einige unter ihnen auch in der Hoffnung, bald Visa für fernere Länder im Westen zu erhalten. Ich erinnere mich noch genau an den Oktober 2014, als ich nach Amman geflogen bin. Dort habe ich mit König Abdullah II. die prekäre Lage der christlichen Flüchtlinge besprochen. Bei meiner Rückreise begrüßten mich am Flughafen rund zehn irakische Familien, die mich erkannt hatten. Sie hatten sich alle nach langem Zögern dazu entschlossen, nach Nordamerika, Kanada, Australien oder Schweden auszuwandern. Die Trauer über den Verlust ihrer Heimat war ihnen anzusehen. Ich dachte mir: Wenn das so weitergeht, wird es bald gar keine Christen mehr im Land geben. Unsere angestammte Erde ist aber im Irak. Hier, im alten Mesopotamien, liegen die Wurzeln unserer Kultur und die Gräber unserer Ahnen. Hier sind Sureth, unsere aramäische Sprache, und die ganz spezifische Liturgie der Chaldäer entstanden. Sollte nun unsere mehr als zweitausendjährige Geschichte dem Ende entgegengehen? Diesen bitteren Gedanken verscheuchte ich gleich wieder, hoffe ich doch innig, dass der Krieg nicht mehr lange dauern und der „Daesh" nicht ewig sein Unwesen treiben könne. Internationale Allianzen gegen diese Gotteskrieger haben sich in der Zwischenzeit gebildet.

Allerdings empfinden nicht wenige Araber eine gewisse Schadenfreude angesichts der tödlichen Anschläge durch die Terrormiliz im von ihnen so bezeichneten „dekadenten" Westen. Doch langsam begreifen manche unter ihnen die Gefährlichkeit dieser Mörderbanden auch für die eigene Sicherheit. Der „IS" ist wie ein Krebsgeschwür. Es muss entfernt werden, bevor auch der gesunde Organismus befallen wird. So unterschiedlich die Interessen von Amerikanern, Russen, Türken und Europäern in der Region auch sein mögen, hierin ist man sich einig. Ende Dezember 2015 wurde die sieben Monate zuvor vom „IS" besetzte Stadt Ramadi, westlich von Bagdad, von irakischen Truppen mit Hilfe von US-Luftangriffen zurückerobert. Ein schwerer Schlag für die Terroristen und ein Lichtblick für all die christlichen Binnenflüchtlinge in Kurdistan. Eines nicht mehr so fernen Tages werden sie wieder in ihre Häuser in den Dörfern des Ninive-Tales[36], in Karakosh und sogar Mosul zurückkehren können, sollten auch diese Städte vom „IS" befreit werden. Mit diesem Funken Hoffnung versuche ich meine Gemeinde von der Auswanderung abzuhalten. Hier geht es um das Überleben der Christen in ihrer Urheimat!

Als ich im Sommer 2015 im Fernsehen die Bilder der Flüchtlingsströme nach Europa sah, war mein erster Gedanke: Emigration kann keine Lösung sein, sondern nur eine Verlagerung des Problems. Was erwarten sich diese Menschen nach entbehrungsreicher Flucht in der Fremde? Werden sie finden, wonach sie suchen? Sicherheit vor Bomben, Unterkunft und Verpflegung sowie medizinische Betreuung gewiss. Aber die Sprache des Gastlandes, die fremde Mentalität und ein neues kulturelles Umfeld, Arbeitsmoral, Nahrung, Klima werden sie vor Hindernisse stellen, deren Überwindung Zähigkeit und viel Ausdauer erfordern. Auch das rechtliche Regelwerk wird in ihr Leben eingreifen. Es wird ihnen Freiheiten gewähren, die sie bislang nicht kannten, andererseits manches unter

Strafe stellen, das in ihren Ursprungsländern nicht geahndet wurde.

Für christliche Flüchtlinge wird es einfacher sein, sich in einem vom Christentum geprägten Europa heimisch zu fühlen. Für viele Chaldäer – mit ihrer ausgeprägten Spiritualität – wird es allerdings schwer begreiflich sein, dass dort Kreuze in Klassenzimmern infrage gestellt werden, manche Kirchen auch an Feiertagen halb leer bleiben, während man für muslimische Neuankömmlinge Moscheen baut. Wäre es nicht wunderbar, wenn Christen in arabischen Ländern auch so empfangen würden?

Da ich regelmäßig meine in alle Welt verstreute Gemeinde besuche, weiß ich aus schmerzlicher Erfahrung, dass leider kaum einer von ihnen in mein Heimatland zurückkehrt. Unsere Söhne und Töchter passen sich rasch an die veränderten Gegebenheiten an, werden mit der jeweiligen Sprache sowie Sitten und Gebräuchen des Landes vertraut. Für sie ist der moderne Westen zur neuen Heimat geworden.

Sehr nachdenklich stimmt mich die Tatsache, dass ausgerechnet in vielen Ländern Europas die Christen gegenüber den Muslimen nicht bevorzugt werden. Sie sind aus ihrer Heimat geflohen, in der sie als Bürger zweiter Klasse gelten. Man stelle sich vor, im

Irak wird ein Zeuge vor Gericht abgewiesen unter dem Vorwand, die Aussage eines Christen sei „unzulässig". Oder: Bauunternehmer verweigern Aufträge in einem Kloster mit der Begründung, nicht für „Ungläubige" tätig werden zu wollen. Auch während ihrer Flucht waren viele, nur wegen ihres Glaubens, Schikanen ausgesetzt. Nun hatten sie gehofft, es wegen ihrer problemloseren Integrierbarkeit und ihrer viel geringeren Anzahl leichter zu haben.

Sie wurden von Muslimen vertrieben und müssen nun die bittere Erfahrung machen, dass selbst die Kirche peinlich auf political correctness bedacht ist[37], die bei den Muslimen nun wirklich keinen Stellenwert hat. Hat sich der abendländische Kontinent schon gänzlich vom Christentum verabschiedet? Haben wir nicht mehr den Mut, zu unseren christlichen Wurzeln zu stehen – etwa aus vorauseilendem Gehorsam in Verbindung mit Angst vor Racheakten? Das ist eine besorgniserregende Schwäche und wird von Muslimen auch unmittelbar als solche gedeutet.

Aufruf an zufluchtsuchende Muslime

Nicht wenige muslimische Flüchtlinge sind aufgrund ihres anerzogenen patriarchalischen Weltbildes schwer zu integrieren: Beide Generationen fühlen sich deshalb in der neuen Gesellschaft nicht wirklich wohl: die Älteren vereinsamen und die Jüngeren finden oft keine Perspektiven für ihre Zukunft. Besonders problematisch wird es, wenn zwischen Alt und Jung eine Kluft entsteht und sie sich sogar innerhalb des Familienverbandes entfremden: Die Eltern verspüren Sehnsucht nach ihrer alten Heimat, während ihre Nachkommen zwischen beiden Welten hin- und hergerissen sind und sich nirgendwo zu Hause fühlen. Die vergebliche Suche nach ihrer eigenen Identität birgt potenziellen Zündstoff, wie wir es aus den Biografien vieler junger Dschihadisten kennen, die in Europa aufgewachsen sind. Den Tausenden von jungen Muslimen, die aus ihren jeweiligen Kriegsgebieten geflohen sind, rate ich dringend, ihr neues Gastland mit positiven Augen zu betrachten und ihre bisherigen Vorurteile über die sogenannten „Ungläubigen"[38] im Westen über Bord zu werfen.

Jetzt lebt Ihr in einer anderen Welt als in jener, die Euch bislang vertraut war, in der aber Frieden und Sicherheit herrscht! Europa ist ein demokratisch und säkular geprägter Kontinent. Staat und Kirche sind weitgehend voneinander getrennt und somit religiöse Konflikte zurückgedrängt. Es gilt die UNO-Menschenrechtscharta von 1948 mit der Garantie grundlegender Rechte, die jedem Bürger gleichermaßen zustehen. Dazu gehört auch das Recht auf freie Religionsausübung[39]. Diese beinhaltet auch die gesetzliche Gleichbehandlung der verschiedenen Glaubensgemeinschaften, die respektiert werden muss.

Die in islamischen Ländern vorherrschende Überzeugung, der Islam sei mehr wert[40] als die beiden anderen monotheistischen Religionen Judentum und Christentum und daher der einzig wahre Gottesglaube, ist nicht akzeptabel und schafft Unfrieden. Wenn Ihr Muslime wirklich im Gastland Fuß fassen und Teil der Gesellschaft werden wollt – was auch langfristig zu Eurem Wohlbefinden beiträgt – so habt Ihr nur dann eine realistische Chance, wenn Ihr dessen Grundwerte anerkennt und Euch nach ihnen richtet. Frauen etwa haben in der westlichen Welt eine ganz andere Stellung in der Gesellschaft als in arabischen Ländern: Sie sind gleichberechtigt, haben den gleichen Zugang zur Bildung wie Männer und die Länge ihrer Röcke hat etwas mit Mode zu tun und nicht mit Sexualität. Unerwünschte Berührungen sind strafbar und können dazu führen, dass man des Landes verwiesen wird.

Bildung hat einen hohen Stellenwert im Westen. Unterstützt Eure Kinder in der Schule! Fallt durch Leistungen auf und nicht durch Forderungen! Nutzt die Möglichkeiten und erweitert Euren Horizont.

Sonst besteht die Gefahr, dass Ihr an den Rand der Gesellschaft gedrängt werdet. Neid und Hass könnten sich dann leicht in Euren Herzen einnisten. Ein gefährlicher Seelenzustand, der zu Gewalttaten verführt. Wie viele solch frustrierter Außenseiter sind nicht schon in die Fänge fanatischer Prediger geraten. Nehmt Euch in Acht vor ihnen! Diese sähen Zwietracht und haben nichts anderes im Kopf, als die Neuankömmlinge für ihre eigenen unheilvollen Ziele zu instrumentalisieren. Folgt dem Rat friedliebender Muslime, die in der neuen Heimat bereits begonnen haben sich einzufügen. Schaut auch auf die vielen einheimischen Helfer in Eurem Asylland. Sie waren die Ersten, die Euch wohlwollend die Hand gereicht haben. Ihr solltet ihre Hilfe annehmen, aber sie nicht ausnutzen. Sonst könnten sich eines Tages Zustände wie etwa im Brüsseler Stadtteil Molenbeek oder im Wohnviertel Rosengård in Malmö, mit hohem Anteil gewalttätiger Extremisten, wie ein Flächenbrand auch über Europa ausbreiten und in einigen Jahren den sozialen Frieden dort ernsthaft gefährden. Ihr seid aus den Kriegsgebieten entkommen, um Euch und Eure Familien in Sicherheit zu bringen, und nicht, um in die Fänge derer zu geraten, vor denen Ihr geflohen seid.

Rufer in der Wüste

Doch warum musste es überhaupt zu einer solchen Massenemigration kommen? Warum hat man nicht die so häufig von Politikern angeprangerten Fluchtursachen bekämpft? Seit Jahren schon habe ich gemeinsam mit anderen Oberhirten aus dem Nahen Osten den Westen vor den Gefahren der Ausbreitung radikaler Kräfte gewarnt. Wir hatten ja nach dem Einmarsch der US-Truppen 2003 keine funktionierende Grenzsicherung mehr.[41] Schmuggler, Söldner und al-Qaida-Kämpfer strömten in den Irak. Damit nicht genug. In den US-Gefängnissen Abu Ghuraib und Camp Bucca haben sich scharenweise junge Männer zu Terroristen radikalisiert[42]. Hier entstand die Denkfabrik des „IS". Doch es wurden von amerikanischer Seite auch weiterhin keine ernsthaften Versuche unternommen, gegen die „IS"-Terrormiliz vorzugehen und die Verhältnisse in unserem Land zu stabilisieren. Auch im Nachbarland Syrien hat man den Aufstieg der Dschihadisten massiv mit Waffenlieferungen unterstützt, um den Präsidenten Baschar al-Assad zu bekämpfen. Dabei ist er noch das geringste von vielen Übeln in der Region. Ein anderes entscheidendes Problem: Wir hatten nach der Absetzung unseres Despoten Saddam plötzlich viele Stammesführer – der Zerfall des Irak war die Folge.

Wenn man wirklich wollte, könnte der „Daesh" in einigen Wochen der Vergangenheit angehören. Doch die Verlautbarungen aus dem Pentagon lassen die Interessenlage unmissverständlich erkennen: „Fünf bis zehn, wenn nicht sogar zwanzig Jahre werde der Kampf gegen den IS dauern" – so die Kernaussage eines ranghohen Militärsprechers im Sommer 2015. Die Botschaft an die Terrormiliz ist klar: Der Fortbestand des „IS" wird geduldet. Die Wahrung gewisser Interessen ist wichtiger als das Überleben der Christen. Ist unsere Auslöschung also schon beschlossene Sache? Die als seriös geltende *New York Times* schrieb jüngst in einem Kommentar, es sei „hysterisch", die Christen als besonders gefährdet und daher als besonders schützenswert zu betrachten. Das zeigt die Gleichgültigkeit, mit der viele ahnungslose Zeitgenossen auf mein geschundenes Land schauen. Um dieser krassen Fehleinschätzung zu begegnen, habe ich am 27. März 2015 die Gelegenheit vor dem UNO-Sicherheitsrat ergriffen, um dort den Delegierten ins Gewissen zu reden. Es war das erste Mal, dass endlich eine Debatte dem Thema der Verfolgung von Minderheiten durch Dschihadisten gewidmet wurde. Dort habe ich unsere tragische Situation erläutert und diese mit dem Völkermord an den Christen[43] von 1915 verglichen. Auch damals haben alle tatenlos zugeschaut. Ich forderte ein konsequentes und umfassendes militärisches Eingreifen zur Rückeroberung der vom „IS" besetzten Gebiete. Doch dieser Appell vor dem Weltgremium hat nichts bewirkt. Genauso wenig wie jener, den ich einige Monate davor[44] an höchste EU-Repräsentanten in Brüssel gerichtet habe. Die Ergebnisse all dieser Bemühungen hat die französische Tageszeitung Le Figaro kürzlich pointiert zusammengefasst: „Die europäische öffentliche Meinung, die so schnell zu mobilisieren ist, die Petitionen unterzeichnet und alle möglichen Demonstrationen durchführt, hat in diesem Fall überhaupt nicht reagiert." Unser Drama ist, dass wir eine sehr verletzliche Minderheit sind. Wir verfügen weder über eine Armee noch über Milizen. Die größten Förderer des „IS" und Verbündeten der USA – Saudi-Arabien, Katar und die Türkei – sind hoch gerüstet. Welche Deals hier geschlossen wurden, kann ich nur vermuten. Die Verbindung von Waffen und Erdöl ist jedenfalls augenscheinlich. Der Irak ist zum Spielball unterschiedlicher Mächte und Interessen geworden. Angesichts dieser Größenordnung von Geld[45] und Einfluss spielen Menschenleben eine nebensächliche Rolle. Laut UNO-Flüchtlingshilfswerk (UNHCR) mussten zwischen August 2014 und Oktober 2015 fast vier Millionen Iraker ihre Häuser verlassen. Viele haben es gerade noch geschafft, den „IS"-Schergen zu entrinnen und an sicherere Orte innerhalb des Landes zu gelangen oder aber in die Nachbarländer Jordanien und Türkei sowie in den Libanon zu fliehen. Tausende andere Christen sind allerdings auf entsetzliche und qualvolle Weise ermordet worden – durch Kopfschuss, Enthauptung oder Kreuzigung. Einige sind in Brunnen ertränkt, andere in Särge gezwängt und diese dann angezündet worden.

Lasst uns nicht im Stich!

Diese Bestien, die solche Verbrechen verüben, haben kein menschliches Bewusstsein mehr und die Würde ihres Daseins verloren. Die Todesmaschinerie der Dschihadisten übertrifft die schlimmsten Albträume. Nichtsdestotrotz lockt die Faszination des Bösen in Propaganda-Videos täglich mehr Kämpfer – auch aus Europa – ins irakisch-syrische Kriegsgebiet. Dass diese überwiegend jungen Männer nur als Kanonenfutter verheizt werden sollen, begreifen sie oft zu spät, wenn sie bereits bei ihren ersten Einsätzen unmittelbar mit dem Tod konfrontiert werden. Das vom „IS" beherrschte Gebiet sei „in die Fänge des Teufels geraten! Dort herrscht die Totalität des Bösen" – so beschrieb der erfahrene und schwer gezeichnete italienische Kriegsreporter Domenico Quirico seine Eindrücke nach seiner Befreiung aus einer mehrwöchigen „IS"-Gefangenschaft: „Ich habe noch nie vorher und nirgendwo sonst ein so absolutes Fehlen von Barmherzigkeit, Mitleid und Respekt gegenüber dem leidenden Anderen gesehen."

Es kann nicht oft genug gewarnt werden: Der sogenannte „Islamische Staat" ist ein gottloses Ungeheuer, eine Krake, die weiter wächst und längst ihre Fangarme auch in die demokratisch-zivilisierte Welt ausgestreckt hat. Die blutigen Anschläge von Paris, Beirut, Istanbul und Jakarta zeigen, wie dringend notwendig es ist, diesem Monster die Lebensgrundlage zu entziehen. Jahre der Gleichgültigkeit westlicher Regierungen haben dazu geführt, dass der „Daesh" entstehen und gedeihen konnte. Das Hofieren der Unterstützerstaaten und mangelnder politischer Wille haben diese Situation verursacht. Es empört mich, dass die Welt weiterhin zu den Morden des „IS" an Christen, Jesiden und anderen religiösen Minderheiten mehr oder weniger schweigt. Ein Verbrechen ungeahnten Ausmaßes gegen die Menschlichkeit, ein Völkermord, spielt sich gerade bei uns ab. Wenn man diesen Terrorschwadronen keinen Einhalt gebietet, können sie innerhalb von einigen Monaten die kulturelle und religiöse Vielfalt in meinem Land auslöschen, weil keiner mehr ein Weiterleben in Todesangst ertragen kann. Mit den Barbaren des „IS" gibt es kein Verhandeln und keinen Dialog. Absolute Kompromiss- und Erbarmungslosigkeit kennzeichnen sie.

Während der Entstehung dieses Buches gibt es endlich einen Hoffnungsschimmer für eine nachhaltige

Zurückdrängung der schwarz beflaggten Truppen.
Es gab mehrere Luftangriffe seitens der USA, Frank-
reichs, Russlands und auch der Türkei, die allerdings
nicht alle den „IS"-Stellungen galten. Auch haben sich
die irakischen Regierungstruppen unterdessen reor-
ganisiert und sind seit der Einnahme der strategisch
wichtigen Stadt Ramadi Ende Dezember 2015 psycho-
logisch gestärkt. Geplant ist nun die Rückeroberung
von Mosul – ein gewaltiger Kraftakt. Der Millionen-
metropole drohen lange und blutige Gefechte. Dabei
müssten die einheimischen Streitkräfte zu Luft, aber
auch zu Lande, von einer starken internationalen Koalition flankiert werden. Diese Unterstützung sollte
rasch erfolgen, möglichst auch in Zusammenarbeit
mit der nordirakischen Region Kurdistan, um interne
Probleme abzufedern. Eine zentrale Rolle kommt
hier den USA zu. Diese sollten sich zu ihrer morali-
schen Pflicht bekennen, sind sie doch für die Entstehung des Chaos in meinem Land eindeutig mitverantwortlich. Wenn dieser Plan erfolgreich umgesetzt
sein sollte und alle vom „IS" okkupierten christlichen
Ortschaften in der Ninive-Ebene auch befreit werden
können, dann müssten UNO-Schutztruppen im Hin-
terland für Ruhe und Ordnung sorgen. Ohne huma-
nitäre Hilfe und internationalen Beistand sind wir

verloren: Straßen, Schulen, Krankenhäuser, Wasser- und Stromversorgung, also die gesamte Infrastruktur, werden in einem erbärmlichen Zustand sein. Nur dann könnte für die christlichen Flüchtlinge und alle anderen verfolgten Iraker in ihrer ehemaligen Heimat wieder eine Perspektive geschaffen werden.

Lasst uns nicht im Stich! Wir schaffen es nicht alleine.

Mein sehnlichster Wunsch

Wir werden in unserem Land nicht von heute auf morgen eine Demokratie nach westlichem Vorbild einführen können. Dem stehen unsere traditionellen Stammesstrukturen entgegen. Innenpolitisch benötigen wir Menschen in der Regierung, die für alle Iraker vertrauenswürdig sind. An deren Spitze sollte ein vom Volk legitimierter, umsichtiger, gleichzeitig aber auch durchsetzungsfähiger Staatsmann stehen. Ihm muss es gelingen, die unterschiedlichen gesellschaftlichen und religiösen Gruppen zur Wiederherstellung der nationalen Einheit des Landes zu vereinen. Mit anderen Worten, es sollte alles getan werden, um eine tragfähige Zivilgesellschaft zu schaffen. Ein einheitliches Gemeinwesen also, das auf der Trennung von Religion und Staat basiert. Die Iraker sollen nicht nach ihrer Religionszugehörigkeit eingeteilt werden. Es darf keine Menschen zweiter Klasse mehr geben. Den Christen sollte endlich die selbstverständliche Gleichstellung als vollwertige Bürger des Landes zuerkannt werden. Doch leider ist extremistisches Gedankengut nicht nur in den Köpfen der „IS"-Terroristen zu finden. Auch die Regierung trägt Mitverantwortung an der Vertreibung der Christen. Derzeit sieht sie tatenlos zu, wie sich skrupellose Geschäftemacher gemeinsam mit korrupten Beamten unter verschiedenen Vorwänden Geschäfte und Wohnungen von Christen in Bagdad, Kirkuk und anderen Städten einverleiben. Einem auf Unrecht begründetem Staatswesen droht das gleiche Schicksal wie einem auf sumpfigen Untergrund errichteten Gebäude: Früher oder später geht es unter.

Auch deshalb erbitte ich mir dringend für meine traumatisierten Glaubensbrüder den Besuch von Papst Franziskus. Niemand hat meinen sehnlichsten Wunsch treffender zum Ausdruck gebracht als er in seinem flammenden Appell vom November 2015 in der Moschee von Koudoukou[46]. Ich bin mir sicher, dass der Heilige Vater mit diesen Worten genauso die Herzen unserer irakischen Mitbürger erreichen würde:

„Liebe Freunde, muslimische Verantwortungsträger und Gläubige,

(...) Wir Christen und Muslime sind Geschwister. Wir müssen uns also als solche betrachten und uns als solche verhalten. Wir wissen sehr wohl, dass die letzten Ereignisse und Gewalttaten, die Ihr Land erschüttert haben, nicht auf wirklich religiösen Motiven beruhten. Wer behauptet, an Gott zu glauben, muss auch ein Mensch des Friedens sein. Muslime, Christen und Angehörige anderer religiöser Minderheiten haben über einen langen Zeitraum friedlich zusammengelebt. Wir müssen also vereint bleiben, damit jedes Tun aufhört, welches auf der einen und der anderen Seite das Angesicht Gottes entstellt und im Grunde das Ziel verfolgt, mit allen Mitteln persönliche Interessen auf Kosten des Gemeinwohls zu verteidigen. Sagen wir gemeinsam „Nein" zum Hass, zur Rache, zur Gewalt, besonders zu jener, die im Namen einer Religion oder im Namen Gottes verübt wird. Gott ist Friede, salam! (...) Er segne und beschütze Sie!"

TÜRKEI

Adana
Gaziantep
Urfa
Kobane (Ain al-Arab)
Qamishli
İskenderun
Azaz
Jarablus
Afrin
Dabiq
Manbij
Mennegh
Hatay Flughafen
Reyhanli
al-Bab
Tell Abiyad
Hassaka
al-Hawl
Antakya (Hatay)
Atmeh
al-Dana
Aleppo
Raqqa
Shaddadeh
Darqush
Harim
Binish
Maskana
Euphrat
Idlib
Tabqa
Salma
Kafranbel
Lattakiya
Mittelmeer
Hama
Kafat
Salamia
Deir ez-Zor
Meyadin
Al-Sukhnah
SYRIEN
Tartus
Homs
Shair-Gasfeld
Tadmur (Palmyra)
LIBANON
Bukamal
Qaim
Beirut
Bludan
Zabadani
Saidnaya
Damaskus
Akaschat
Dara'a
al-Suwaida
al-Rutbah
Amman
JORDANIEN
SAUDI-ARABIEN

Präsenz des »Islamischen Staates« im August 2015
von syrischen Rebellen kontrolliert
von der irakischen Regierung kontrolliert (im Irak)
vom syrischen Staat, der Hisbollah, iranischen und irakischen Milizen kontrolliert (in Syrien)
von Kurden kontrolliert
Autonome Region Kurdistan

0   50   100   150 km

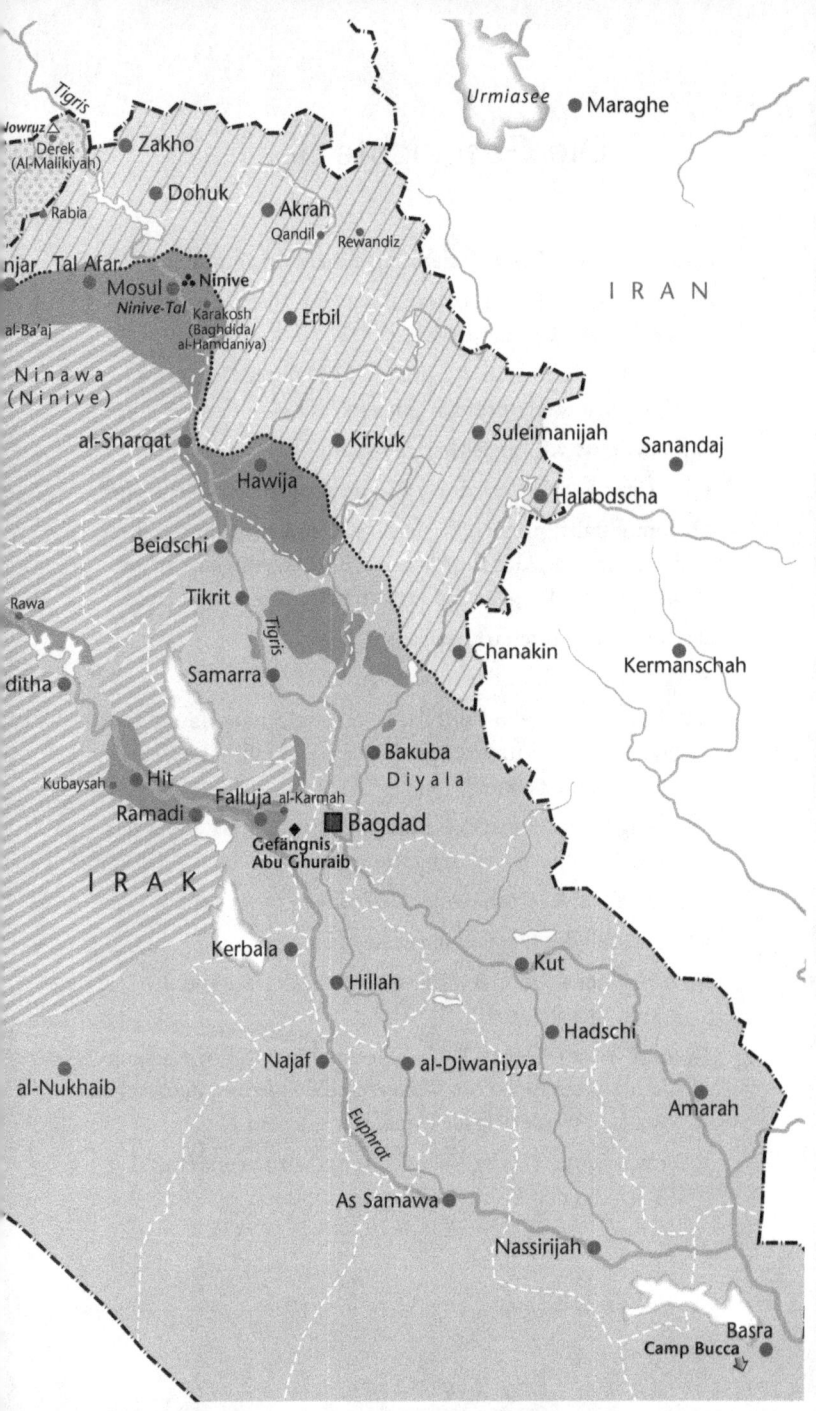

Die Geschichte des Irak

Ab 7000 v. Chr.: Erste Besiedlungen in Mesopotamien

Ab 3000 v. Chr.: Die Sumerer bilden eine Hochkultur mit Städten wie Ur oder Lagasch

Um 2300 v. Chr.: Erstmals gibt es ein geeintes Großreich Mesopotamien unter Sargon von Akkad

2000 bis 1500 v. Chr.: Altbabylonisches Reich

331 v. Chr.: Babylon wird von Alexander dem Großen erobert

Ab dem 1. Jahrhundert: Christen stellen bis zur Entstehung des Islam im 7. Jahrhundert die Bevölkerungsmehrheit und prägen das gesamte Frühchristentum wesentlich

220 bis 637: Herrschaft der Sassaniden

750 bis 1258: Kalifat der Abbasiden

762: Bagdad wird von Kalif AL-Mansur als neue Hauptstadt gegründet. Der ursprüngliche Name: „Madīnat as-Salām („Stadt des Friedens")

1258: Bagdad wird von den Mongolen geplündert, es ist das Ende der Abbasiden-Dynastie

1508 bis 1534: Herrschaft der Safawiden

Ab 1534: Teil des Osmanischen Reiches

1914: Britische Truppen besetzen den Irak während des Ersten Weltkrieges

27. August 1921: Der Irak wird Monarchie unter britischem Mandat, das 1920 vom Völkerbund den Briten übertragen wurde. Erster König ist Faisal Ibn Hussein

3. Oktober 1932: Das britische Mandat wird beendet und der Irak in den Völkerbund aufgenommen

Ab 1936: Verschiedene Putsche und Aufstände von Offizieren sowie der Kommunistischen Partei (IKP)

Mai 1948 bis Juli 1949: Beteiligung am Palästinakrieg/ Unabhängigkeitskrieg, gegen Israel

Mai 1935: Faisal II. wird König

Oktober 1956 bis März 1957: Beteiligung im Rahmen des „Bagdadpaktes" an den Kämpfen der Suezkrise, gegen Ägypten

Dezember 1956: „Freie Offiziere" schließen sich zur gleichnamigen Geheimorganisation zusammen

14. Juli 1958: Die „Freien Offiziere" unter der Führung von Abd al-Karim Qasim stürzen Faisal II., der König und sein Ministerpräsident werden ermordet

7./8. März 1959: Kampf in Mosul, der Aufstand gegen Premierminister Qasim scheitert

März 1959: Abzug der letzten britischen Truppen

9. Februar 1963: Abd al-Karim Qasim wird ermordet, der Ableger der ursprünglich in Damaskus gegründeten Baathpartei ist federführend

11. März 1970: Der Bürgerkrieg mit den Kurden, der seit 1961 andauert, wird unterbrochen, flammt im April 1974 aber wieder auf.

Juni 1967: Teilnahme am Sechs-Tage-Krieg gegen Israel

16. Juli 1979: Rücktritt von Präsident Ahmad Hassan al-Bakr und Machtübernahme durch Saddam Hussein

Ab 1979: Deportationen und Hinrichtungen politischer Gegner Saddam Husseins

September 1980: Irak marschiert im Iran ein, der Erste Golfkrieg beginnt

20. August 1988: Waffenstillstand mit Iran

25. August 1988: Mehr als hunderttausend Kurden werden bei der „Operation Anfal" ermordet

2. August 1990: Irak überfällt Kuwait, der Zweite Golfkrieg beginnt

6. August 1990: Drakonische Sanktionen werden von der UNO verhängt

7. August 1990: Die Alliierten starten die Operation „Desert Shield"

16. Januar 1991: Die Alliierten starten die Operation „Desert Storm"

28. Februar 1991: Irak kapituliert, wenige Tage später ist der Zweite Golfkrieg zu Ende, Sanktionen bleiben in Kraft bis zum 22. Mai 2003

20. März 2003: Der Dritte Golfkrieg beginnt, die „Koalition der Willigen" greift den Irak an

9. April 2003: Bagdad wird von den US-geführten Truppen eingenommen

6. Mai 2003: Lewis Paul Bremer wird von George W. Bush als Zivilverwalter eingesetzt und der Irak im September in vier Besatzungszonen aufgeteilt

14. Dezember 2003: Saddam Hussein wird bei Tikrit gefangen genommen

30. Januar 2005: Erste freie Wahlen seit fast einem halben Jahrhundert

Dezember 2011: Die USA ziehen ihre Truppen ab, danach brechen schwere Kämpfe zwischen den Konfessionen und Bevölkerungsgruppen aus

Juni 2014: Die Millionenstadt Mosul wird erobert

29. Juni 2014: Die Terrororganisation „Islamischer Staat" („IS" bzw. „Daesh") ruft das Kalifat aus

28. Dezember 2015: Irakische Truppen befreien Ramadi

Anmerkungen

1 Inzwischen wurde diese Marienkirche im Dezember 2012 in Anwesenheit des Präfekten der vatikanischen Ostkirchenkongregation, Kardinal Leonardo Sandri, und des syrisch-katholischen Patriarchen Ignatius Yousif III. Younan neu geweiht.

2 Rund 1,5 Millionen Armenier sowie rund 500.000 Christen der syrischen Tradition (Aramäer, Assyrer und Chaldäer).

3 Über die *„nestorianische Christologie"*

4 *„Unsere Liebe Frau von der immerwährenden Hilfe"*

5 Deren Mitbegründer war übrigens ein Christ, der griechisch-orthodoxe Michel Aflaq (1910–1989).

6 „Daesh" ist eine akronyme Verwendung für den sog. „IS", d. h. die Abkürzung der arabischen Entsprechung von „Islamischer Staat im Irak und der Levante" (gesprochen „Al-Daula al-Islamija fil-Irak wal-Scham"). Für die IS-Terrormiliz gilt dieser Begriff abwertend. Wörtlich heißt Daesh auch „jemand, der andere zertrampelt".

7 40 Prozent der Iraker lebten seit den von den USA aufgezwungenen Wirtschaftssanktionen am Rande des Existenzminimums, die Alphabetisierungsrate sank in jenen Jahren fast um die Hälfte. Das bedeutet, dass sieben Millionen Kinder keine Schule mehr besuchten und immer mehr Iraker zu Binnenflüchtlingen wurden.

8 Im August 2014 wurde dieser Ort vom sogenannten „Islamischen Staat" erobert. Pfarrer Ganni und Bischof Rahho waren in der Sakristei der dortigen Mar Addai-Kirche begraben, bis ihre sterblichen Überreste in die Verkündigungskirche von Mosul überführt wurden.

9 Vorläuferorganisation des sog. *„IS"*.

10 Es gab, beispielsweise in Kirkuk, eine Zeit lang eine äußerst beunruhigende Entführungswelle christlicher Ärzte.

11 s. S. 10.

12 In meinem späteren Amt als Patriarch unserer Kirche habe

ich diese Priester im Exil, nach mehrmaliger erfolgloser Aufforderung in den Irak zurückzukehren, schweren Herzens
am 22. Oktober 2014 von ihrem Priesteramt suspendieren
müssen.

13 Bagdad mit 2.454 Todesopfern und Mosul mit 510 Toten
(laut Global Terrorism Index 2014).

14 *„Islamischer Staat im Irak und in Syrien" oder ISIL (Islamischer
Staat im Irak und der Levante), bis sie sich nach der Eroberung von Mosul im Juni 2014 in „IS" („Islamischer Staat")
umbenannten.*

15 Stadt mit mehr als 220.000 Einwohnern im Norden Syriens,
seit 2013 Hauptquartier des „IS".

16 Nachfolger des 2008 ermordeten Paulos Faraj Rahho, Erzbischof von Mosul.

17 Beispielsweise Tel Keppe und Karakosh, christliche Ortschaften, die kurz darauf auch vom IS erobert wurden.

18 *„Nūn"* = ن

19 Inzwischen ist der monatliche Tarif auf 450 Dollar pro Kopf
gestiegen.

20 Kapitel 13

21 Das Jesidentum versteht sich als Ursprungsreligion der Kurden und entstand nach den Überlieferungen um 2000 v. Chr.

22 Die endgültige Rückeroberung der Stadt Sinjar durch die
kurdischen Peschmergas fand erst ein Jahr später, am
13. Nov. 2015, statt.

23 Nimrud wurde im 13. Jahrhundert v. Chr. gegründet und war
zeitweise Hauptstadt des assyrischen Reiches. Die Stätte
befindet sich rund 30 km südöstlich von Mosul.

24 Ebenfalls aus assyrischer Zeit, liegt etwa 110 Kilometer süd-
lich von Mosul.

25 Ein äußerst lukratives Geschäft. Der systematische Raub
und Verkauf von Kulturgütern rangiert mittlerweile an drit-
ter Stelle nach dem Waffen- und Drogenhandel in der internationalen Kriminalstatistik.

26 s. S. 29 ff.

27 Nicht von ungefähr stecken wiederum die Dschihadisten
demonstrativ ihre westlichen Opfer vor deren Enthauptung
immer wieder in gleichfarbene Überzieher. Jetzt sollte der

Westen, in ihren Augen, gleichermaßen für seine Schand-
taten büßen.

28 s. S. 32 ff.

29 Am 13. Dezember 2015 wurden zum ersten Mal in Bagdad
Plakate mit dem Bild der Mutter Jesu an den Fassaden von
Häusern im christlichen Besitz angebracht mit der schrift-
lichen Aufforderung, ebenso wie sie den Schleier zu tragen.
Wieder ein Einschüchterungsversuch, um uns den Verbleib
in der Heimat zu verleiden.

30 Siehe z. B. Verbot des Verzehrs von Schweinefleisch, damals
aus hygienischen Gründen sinnvoll, heute nicht mehr
begründbar.

31 „Ungläubige", zu denen, ihrer Ansicht nach, Juden und
Christen gehören, die Tora und Bibel verfälscht hätten.

32 Die Dschihadisten betrachten das Töten sog. „Ungläubiger"
sogar als gottgefällige Aufgabe.

33 Ein Rechtsgutachten.

34 Stand: September 2015.

35 Nicht zu verwechseln mit dem Säkularismus der Baath-
Partei 1979–2003 unter Saddam Hussein.

36 U. a. Bakofa, Bartella, Batnaya, Karamles, Teleskuf.

37 Z. B. hat ein österreichischer Bischof medienwirksam eine
muslimische Familie in seinem Palais untergebracht.

38 Wie alle Nicht-Muslime, also auch die Christen, im Koran
bezeichnet werden.

39 Im Art. 18 verankert.

40 Weil ihr Glaube, in ihren Augen, die Vollendung der Religion
– und daher die alleinseligmachende – ist.

41 s. S. 32.

42 s. S. 78 ff.

43 s. Fußnote Nr. 2. (Siehe auch die Definition des Begriffes Völkermord in Art. II der „UNO-Konvention über die Verhütung
und Bestrafung des Völkermordes" von 1948.)

44 Am 8. Juli 2014.

45 Kolportierte 90 Milliarden US $ Waffenlieferungen an
Saudi-Arabien.

46 In Bangui (der Hauptstadt der Zentralafrikanischen Repub-
lik).

© Verlag Herder GmbH, Freiburg im Breisgau 2016
www.herder.de
Alle Rechte vorbehalten

Satz: post scriptum, Emmendingen / Hüfingen
Herstellung: CPI books GmbH, Leck

Printed in Germany

ISBN 978-3-451-34940-9